U0130142

俄罗斯旧礼仪派
历史与现实

刘博玲 / 著

社会科学文献出版社
SOCIAL SCIENCES ACADEMIC PRESS (CHINA)

目 录

绪　论

一　旧礼仪派产生的历史文化背景

旧礼仪派是俄国东正教会分裂的产物。17世纪俄国东正教会的分裂运动是俄国宗教史和文化史上的重要事件。1653年俄国东正教牧首尼康对俄国东正教经书和仪式进行了重大改革，包括以三指画十字替代以前的两指画十字，以及改变耶稣之名的书写方式等方面的内容。这些改革引起了部分神职人员和广大教徒的强烈不满，最终造成了教会分裂。那些反对尼康改革，坚持俄国旧礼仪的信徒从教会分离出来，被称为分裂派或者旧礼仪派（старообрядчество）。虽然在各个时期饱受驱逐、迫害，这个群体依然顽强地将自己的信仰保持到了今天，当今他们仍旧活跃在俄罗斯乃至世界的各个角落。

在当今俄罗斯，旧礼仪派已经被当成了俄罗斯传统文化的根基与携带者，他们积极参与当今的社会文化生活。虽然由于特殊的历史原因，旧礼仪派的信徒遍布全世界各地，但是他们都保留着同样的礼仪，有着共同的历史记忆。

那么这场分裂运动的本质是什么，除了宗教仪式的改变还有没有更深刻的历史文化原因呢？

17世纪对于俄国而言是一个特殊的时期。这个时期莫斯科公国摆脱了蒙古人的桎梏，开始逐渐崛起，俄国民族独立意识逐渐觉醒。俄国经历了10年的混乱时期，国内一切刚刚稳定下来，但是仍旧有许多"动荡"的因素。除此之外，17世纪还是一个承前启后的时期。"本质上，这是一个为彼得大帝的改革迅速奠定基础的过渡时期。"①

---

① 〔美〕尼古拉·梁赞诺夫斯基、马克·斯坦伯格：《俄罗斯史》（第八版），杨烨、卿文辉、王毅主译，上海：上海人民出版社，2013年，第170页。

在 17 世纪的俄国，一系列宗教观念在人们心中扎下根来，这些观念直接影响了最终导致分裂的教会冲突的发展进程。在这些观念中，"莫斯科—第三罗马"的思想对教会分裂产生了重要影响。这个时期的俄国是唯一强大且独立的东正教国家，他们自称为"第三罗马"，即认为俄国是罗马帝国和拜占庭帝国的继承者。但是这个学说不是表明俄国想统治世界，而是意味着罗斯是东正教信仰的最后的堡垒。

根据基督教对世界历史进程的观念，在末日之前世界将会被敌基督统治。而敌基督的出现是因为最后的东正教国家缺少真正的信仰。因此当时出现的任何宗教冲突和混乱都可能被有宗教倾向的人理解为敌基督的临近。

在这样的背景下，试图在教会生活中进行改变的尝试也都可能被部分信徒认为是敌基督快要到了。[①]

"第三罗马"思想在俄国由来已久。拜占庭帝国灭亡后，其末代皇帝投靠了大公伊凡三世，并把自己的侄女嫁给了他。这样莫斯科大公伊凡三世就把自己看成拜占庭皇帝的直接继承人。1492 年都主教佐西玛（Зосима）第一次使用了类似"第三罗马"的概念，他将莫斯科称为"新的君士坦丁堡"，将莫斯科大公（伊凡三世）称为"全罗斯大公和君主，君士坦丁堡新皇帝"[②]。修道院院长菲洛费伊（Филофей）在写给大公瓦西里·伊万诺维奇（1505~1533 年在位）的信中，对"第三罗马"的思想进行了清晰的阐释。信中写道："有福的沙皇！两个罗马已经衰落了，第三个罗马——莫斯科，站起来了，而第四个不会有……所有的东正教国家团结在您一个王国中；在全

---

① История религии в России, учебник издание 2-е, под общей редакции О.Ю. Васильевой и Н.А. Трофимука, Москва, 2004, С.256.

② Успенский Б.А. Этюды о русской истории. СПб 2002. С.93.

世界只有您是基督教皇帝。"① 从此,"第三罗马"的思想根植于俄国沙皇和人民的心中,俄国的君主和莫斯科大公的后代都将自己看成帝国的继承人。

虽然在 14 世纪至 15 世纪莫斯科公国产生了"第三罗马"思想,并且也影响了莫斯科大公和公民,但是当时莫斯科公国的经济实力和政治影响并不是很大,因此这种思想仅仅处于宣扬阶段。到了 17 世纪中叶,莫斯科公国经济实力不断增强,政治上更加统一和巩固,民族意识也大大提高,允许其通过某种现实的政治和军事行为加强这种思想(简要说就是莫斯科作为"第三罗马"的思想),而不仅仅是靠希腊神职人员和世俗人员的宣扬来实现。

"第三罗马"思想对俄国的影响既体现在精神层面又体现在政治层面(世俗层面)。

在精神层面,它认为本民族思想是拯救世界的最佳武器。正是基于这种思想,当尼康发现俄国礼仪与希腊礼仪不一致,想改变这种礼仪时,他受到很多俄国人的强烈反抗。他们坚决捍卫俄国的东正教传统,坚称俄国的礼仪是更古老和传统的,并且以《往年纪事》(Повести временных лет)和《启蒙者》(Просветитель)为依据,强调俄罗斯不是从希腊人,而是从使徒安德烈那里直接接受了基督教。

但是与坚持俄国礼仪更传统的这些人相对立的是当时在教会中掌握实权的牧首尼康。"尼康是一个权欲熏心和专横跋扈的人,对上阿谀奉承,极尽讨好之能事,对下蛮横无理,惨无人道。"② 他一心想建立"东正教帝国",想让俄国的东正教成为世界东正教的中心,是造成俄国教会分裂的导火线。"完全

---

① Ключевский В.О. Курс русской истории. Часть 3 М. 1908. С.377–378.

② 乐峰主编《俄国宗教史》(上卷),北京:社会科学文献出版社,2008 年,第 103 页。

不是莫斯科狭隘的民族主义，而是俄国为其边界外的东正教国家负有责任的深切情感构成了他的行为动机。"①

在政治层面，该思想是指俄罗斯试图解放全人类。"当时，国家和官方教会一心期望俄罗斯加入世界宗教和政治进程，计划实行宗教改革。可俄罗斯人民仍以正宗宗教捍卫者的身份自居，他们认为，既然是正宗的宗教，当然不需要变革，可官方教会却主张变革代表真理的宗教。"② "第三罗马"思想促使沙皇支持尼康改革，统一教会礼仪，进而实现自己的帝国梦想。

受"第三罗马"思想的影响，沙皇阿列克谢·米哈伊洛维奇（Алексей Михайлович）认为自己的使命是建立全东正教帝国，他将自己和俄国看成是拜占庭皇帝和拜占庭帝国。并且他认为，如果不完全统一东正教会的秩序就不可能达到这个目标，东正教应该成为这个帝国的证明，成为这个帝国的思想和口号，同时是它的基础和将各部分联系到一起的胶合剂。③

沙皇建立"第三罗马"帝国的思想与尼康建立东正教帝国的梦想不谋而合。他们都认为俄国礼仪与希腊礼仪的不一致是阻碍他们实现自己理想的障碍。因此沙皇和尼康都想要俄国礼仪与希腊礼仪保持一致，积极进行宗教改革。

牧首尼康（1652~1666在位）在沙皇阿列克谢·米哈伊洛维奇（1645~1676在位）的支持下推行的改革，目标是消除俄国和正教东方各教会礼拜仪式和经书文本中的不同。改革者作

---

① Зеньковский С.А. Русское Старообрядчество. Институт ДИ-ДИК. С.162.

② 郭小丽：《俄罗斯的弥赛亚意识》，北京：人民出版社，2009年，第37页。

③ 参见 Крамер А.В. Раскол русской церкви в середине XVII века. Изд. Алетейя. Санктпетербург. 2014. С.55。

出了错误的预设，即罗斯使用的书籍和仪式被改变了，因此应该在希腊样式的基础上进行改变。事实上，罗斯的仪式和教会文本基本上保存了拜占庭最初接受基督教的形式。而改革者所认为的"更加古老""更加正确"的希腊仪式文本和形式，在很大程度上是在更晚的时候形成的。

在最初阶段，俄国旧信仰捍卫者主要是与以尼康为首的官方教会进行斗争。但是由于尼康最终想建立神权政治，让沙皇屈从于他，这导致尼康最终与沙皇关系决裂。但是统一宗教仪式，消除俄国宗教仪式与希腊仪式的差异有助于实现帝国梦想，因此沙皇仍旧积极地支持宗教改革。

因此在尼康失去权力后，旧礼仪派主要是与以沙皇为首的政府斗争。在与教会和政权斗争的过程中，旧礼仪派早期领袖展示了为信仰四处漂泊、不屈不挠、不怕牺牲的精神。这种精神大于物质，为了信仰不惜流血牺牲、离家漂泊的精神能够让我们更加深刻地认识这个民族，以及当下的俄罗斯。旧礼仪派的历史向我们展示了当外来文化与本国文化产生冲突时，俄国一部分民众作出的一种选择，以及为了坚定自己的信念，这个民族可以斗争到何种程度。从长远的历史维度看他们成功了，他们的子孙后代至今铭记着祖先的抗争历史，完整地保留着祖先留下的传统信仰。

普京执政以来，俄罗斯国家社会非常重视传统文化的建设。俄罗斯在新版国家战略（2021）和《国家文化政策纲要》修改草案（2021）中都提到了文化主权的概念，并对传统文化进行了定义。东正教是俄罗斯传统文化的来源和根基。旧礼仪派保留了更加传统的东正教礼仪与文化，被当前国家社会视为"活着的保守主义"。2021年俄罗斯当局根据国内外形势的变化对文化政策进行了调整，除了在主要文化政策中引入了"文化主权"的概念，对俄罗斯传统的精神和道德价值观进行了定义，还制定了一系列措施保护俄罗斯传统精神道德价值观。在精神价值与文化方面，新战略指出俄罗斯传统的精神和道德价值观首先包括：生命、尊严、人权和自由；爱国主义、公民精神、为祖国服务和对其命运负责；崇高的道德理想，强大的家庭；创造性劳动；精神优先于物质；人文主义、仁慈、正义；集体主义。通过分析这些传统价值观，我们可以看到当前俄罗斯国家推崇的许多价值观与旧礼仪派保留的传统价值观有很多契合之处。比如"强大的家庭""精神优先于物质""集体主义"等在旧礼仪派的生活中都有具体的体现。这也是旧礼仪派在当下受到国家与社会认可的重要原因。当前，旧礼仪派参与了国家社会生活的很多方面：通过举办夏令营，参观旧礼仪派教堂等活动培养青少年的爱国主义精神；通过宣扬旧礼仪派的生活信条帮助居民禁酒，培养居民勤劳勇敢的精神；旧礼仪派一直提倡多子女家庭，这也对当前俄罗斯最为棘手的人口问题提供了良好的示范作用。总之，旧礼仪派所保留的生活信条在净化俄罗斯社会生活、提升居民道德水平等方面都发挥了重要作用。

二　对旧礼仪派的研究

俄罗斯学者对旧礼仪派的研究主要有三个方向：俄罗斯主教公会①的研究、世俗学者的研究和旧礼仪派内部教会学者的研究。

主教公会的研究立场根据不同时期国家和教会对待旧礼仪派的态度而不同，反映了俄罗斯东正教会对待旧礼仪派的态度。主教公会的研究主要是从宗教学范畴和历史学范畴开展的。

---

① 东正教最高会议，现为总主教下设的咨议机关。

历史学范畴的研究主要集中在教会分裂的根源、个别支派的历史和某一地区的旧礼仪派历史等方面。历史学家 Н.Ф. 卡普捷列夫（Н.Ф.Каптерев）是在教会分裂的根源方面比较权威的研究者，比如他的专著《俄国看待东部教会的特点》[①] 就是研究教会分裂根源的著作。作者将教会的分裂归结于俄国人坚信自己信仰的正统性以及改革推进存在盲目性。

宗教学范畴的研究主要集中在旧礼仪派学说的具体方面，一些教会历史学家在著作中对旧礼仪派信徒的一些学说，比如敌基督论、教会和奥秘的学说等进行了批判分析。俄国著名的教会史学家马卡里（布尔加科夫）[Макарий（Булгаков）] 在其专著《俄国教会史》[②]、《俄国分裂史——以旧礼仪派而闻名的历史》[③] 以及《教会书籍和礼仪改革事业中的尼康》[④] 都对分裂派（旧礼仪派）的历史以及该派的教会学说、主要信仰特点等方面进行了细致的研究。值得注意的是，身为官方教会史学家的马卡里在研究的过程中明显地带有批判旧礼仪派的立场。

旧礼仪派内部的研究是旧礼仪派教徒对自身历史的思考，这部分研究带有一定的肯定自身、夸大事实的因素。比如旧礼仪派历史学家 Ф.Е. 梅利尼科夫（Ф.Е.Мельников）的《古代东正教（旧礼仪派教会）简史》[⑤] 就是这方面的代表。在这

---

①　Каптерев Н.Ф. Характер отношений России к православному востоку в XVI и XVII столетиях. Сергиев Посад, 1914.

②　Макарий (Булгаков). История Русской Церкви, С-Петербург, 1857.

③　Макарий (Булгаков). История русского раскола, известного под именем старообрядчества, С-Петербург, Третие издание, 1889.

④　Макарий (Булгаков). Патриарх Никон в деле исправления церковных книг и обрядов. Москва: тип. М.Н. Лаврова и К.

⑤　Мельников Ф.Е. Краткая история древлеправославной церкви.

部著作中作者站在旧礼仪派信徒的立场描写了旧礼仪派受迫害的历史以及后来的发展，同时也叙述了"新教会中的新异端"。通过对比阅读，笔者发现在用词以及叙述历史时这位旧礼仪派学者有很强的同情旧礼仪派同胞、夸大一些历史现实的倾向。

俄罗斯世俗学者的研究角度较为多元化，既有侧重于旧礼仪派运动的社会和政治层面的著作，将旧礼仪派运动看作人们反对专制的斗争；也有将其作为历史文化现象，从思想史角度开展研究的著作。比较著名的是俄国历史学家 C.A. 津科夫斯基（С.А Зеньковский）的《俄国旧礼仪派》①。C.A. 津科夫斯基从第三罗马说开始探究旧礼仪派的思想起源，然后对旧礼仪派的产生、在 17 世纪和 18 世纪的发展进行了全面的研究。这些为笔者的研究提供了丰富的史实资料。

当今俄罗斯世俗学界对旧礼仪派的研究具有历史人类学倾向。一部分学者深入当今仍旧存在的旧礼仪派村落进行田野调查，比如莫斯科大学历史学系古文献学教研室主任、俄罗斯科学院研究员娜塔莉亚·利特维娜（Наталья Литвина）近年来一直对当代旧礼仪派村落的文化进行调研。还有一部分学者研究具体人物的传记、著名的旧礼仪派大家族的家族史。比如对俄罗斯大资本家族里亚布申斯基（Рябушинские）家族、莫洛佐夫（Морозовы）家族和库兹涅佐夫（Кузнецовы）家族都有专著研究。最近也开始有学者关注到拉赫曼诺夫（Рахмановы）家族，一个集商人、慈善家和收藏家于一体的旧礼仪派信徒家族。研究者一方面从罗戈任斯基墓地②档案馆搜集信息，另一方面也从这个庞大家族不同支派的后代那里收集文件、回忆录

---

① Зеньковский С.А. Русское Старообрядчество. 2006.

② 又译罗果日墓地，当代旧礼仪派的教会中心，位于莫斯科东部的郊区。

和照片，取得了丰硕的成果。

由于历史上旧礼仪派一直受到官方教会和政府的迫害、驱逐，很多信徒为了保留自己的信仰，离开祖国，逃亡到世界各个国家，比如美国、澳大利亚、西欧还有中国。因此俄罗斯境外也有一些学者对旧礼仪派进行研究。近年来俄罗斯境外对旧礼仪派的研究偏向于历史人类学方面。比如，最近出版的在俄罗斯学界产生很大反响的《在罗曼诺夫卡的日子》[①]一书，就是日本学者用图文并茂的方式介绍了 20 世纪 30 年代逃亡到中国黑龙江的俄国旧礼仪派侨民在当地的生活。

目前国内尚未有研究旧礼仪派的专著，对该段历史的研究散见于俄国通史或者俄国文化史中的某些章节。国内对该问题的研究主要有两种范畴——历史学范畴和宗教学范畴。

纯历史学的研究主要是从尼康改革的角度对这一段历史进行研究，将重点放在了尼康改革以及沙皇身上，将教会分裂的原因归于尼康的改革。比如，《东方基督教探索》[②]、《俄国历史》[③]和期刊论文《解开"俄国之谜"的钥匙：俄国思想史上的"分裂运动"》都主要从沙皇和尼康的角度分析了这次教会的分裂，介绍了尼康改革的主要内容。在《俄国东正教会改革（1861~1917）》[④]中学者从思想的角度挖掘教会分裂的原因。

国内宗教学范畴的研究不是很多，主要集中在：尼康具体

---

① Дни в Романовке, Программа «Первая публикация», Москва, 2012. 该书电子版可见于 https://fondpotanin.ru/library/publication/dni-v-romanovke/。此书收录了20 世纪三四十年代日本学者拍摄的位于中国东北地区的俄罗斯旧礼仪派村落的照片，内附俄罗斯学者对这段历史的介绍。

② 乐峰：《东方基督教探索》，北京：宗教文化出版社，2008 年。

③ 李英男、戴桂菊主编《俄罗斯历史》，北京：外语教学与研究出版社，2006 年。

④ 戴桂菊：《俄国东正教会改革（1861~1917）》，北京：社会科学文献出版社，2002 年。

改变了哪些宗教礼仪和经文而造成分裂，旧礼仪派内部又分化成了哪些小的派别。比如，在《俄国宗教史》①中有专门的章节对旧礼派的产生和旧礼仪派的内部分化进行了研究。

三 旧礼仪派研究的意义

笔者认为从中国学者的角度对代表俄国传统文化力量的旧礼仪派进行深入研究非常重要。首先，这一研究将丰富我国学界对这一问题的研究，让我们对俄罗斯旧礼仪派产生的原因以及后来的发展有更深刻的了解，而不是仅仅停留在尼康改革这一事件上。其次，从一位中国学者的立场对被俄罗斯官方教会看作异教徒的旧礼仪派进行研究，更能保证研究的客观性和公正性。最后，研究该历史问题的当代意义对中国学界和俄罗斯学界都非常重要。当今，旧礼仪派的问题，包括其历史和现实方面在很大程度上具有了政治层面的意义。在俄罗斯，无论是社会文化运动，还是纯粹的政治和党派运动，都会打出回归俄罗斯文化根基和起源的口号。近几年俄罗斯社会将旧礼仪派信徒看作俄罗斯文化根基和起源的携带者，因此在历史和文化领域对旧礼仪派进行研究能够帮助我们更深刻地走近俄罗斯，理解这个民族。

四 本书研究思路及主要内容

鉴于以上原因，笔者主要想探究 17 世纪的旧礼仪派历史：俄国东正教旧礼仪派产生的原因，即俄国东正教会分裂的深层原因，旧礼仪派信徒是怎样与政府和教会抗争的，从教会分裂出去以后他们自身的发展，以及当代俄罗斯旧礼仪派的现状。最后，笔者将对在苏联时期逃到黑龙江和新疆的旧礼仪派信徒

---

① 乐峰主编《俄国宗教史》，北京：社会科学文献出版社，2008 年。

的历史进行简要介绍。

本文主要分为五章。

第一章为"俄国东正教会分裂的历史背景"。

该部分主要研究 17 世纪俄国东正教会分裂的历史背景，探究教会分裂的原因。笔者认为，造成这次教会分裂的主要原因有以下三个。（1）处于混乱时期的教会内部的矛盾：低级神职人员对高级神职人员的一些不道德行为很不满，要求在教会中实行礼仪和道德的复兴，这激化了低级神职人员和高级神职人员已有的矛盾，给教会最终分裂埋下了伏笔。（2）教会内部的拜占庭化：这让俄国的东正教成为世界东正教的中心，促使牧首尼康在教会中积极按照希腊礼仪强制进行改革，直接导致了教会的分裂；沙皇建立"第三罗马"的理想与尼康建立东正教帝国的理想不谋而合，因此沙皇积极支持尼康的改革，加剧了教会的分裂。（3）教会外部的西欧化倾向：在"第三罗马"理想的驱动下，以沙皇为首的俄国上层社会中西欧化倾向明显，教会外部出现了许多不利于教会统一的因素，使得教会分裂的状况巩固下来。

第二章为"教会分裂过程"。

尼康当上牧首后，开始对俄国礼仪和经书进行修改。旧礼仪派为了坚守俄国古老的礼仪，为了证明俄国的礼仪才是正统的，与尼康和沙皇政府作了多年的斗争。17 世纪旧礼仪派为信仰进行的抗争主要分为两个阶段。

第一个阶段（1652~1658 年）是与牧首尼康的斗争。这个时期尼康掌管着俄国东正教会的一切事务，并且与沙皇的关系非常好，深得沙皇信任。在这个阶段，尼康建立全人类东正教帝国的理想与沙皇的政治理想一致。当时来到莫斯科的希腊神甫指出俄国的礼仪与希腊不同，尼康担心礼仪的不同会妨碍其建立东正教帝国理想的实现，因此着手进行礼仪的改革。他下令修改东正教礼仪经书，将人们已经习惯的两指画十字改为三指画十字，这引起了一直致力于恢复俄国古代教会传统的"爱上帝"小组和广大信徒的极力反抗。为了维护俄国古代的礼仪和传统，以"爱上帝"小组为代表的想保留俄国旧礼仪的信徒与尼康展开了激烈的斗争。

第二个阶段（1658~1667 年）是旧信仰捍卫者与沙皇的斗争。1656 年以后尼康和沙皇的关系开始恶化，他们之间的冲突越来越严重，沙皇开始加强对国内事务的参与和管理。1658 年尼康在宗教会议上当众宣布辞去牧首圣职，使教区处于"群龙无首"的局面。但是改革的步伐已经开始，沙皇没有因为尼康的离任而中断改革，为了巩固自己的专制权力他继续支持尼康的新举措，因此，1658 年以后旧礼仪派为信仰的斗争进入了与沙皇对抗的阶段。

第三章为"旧礼仪派的反抗中心"。

1667 年宗教会议后在俄国形成了几个反抗中心。（1）在宗教会议上没有服从沙皇劝说的以阿瓦库姆（Аввакум）为代表的四位旧礼仪派领袖被流放到普斯塔杰尔斯科村（Пустозерск），这里是旧礼仪派继续斗争的思想中心，从这里流传出很多旧礼仪派领袖的著作。（2）俄国北部最强大教会组织是索洛维茨基修道院，这里的修士没有服从沙皇的命令，仍旧按照旧礼仪进行礼拜，是旧礼仪派的武装抵抗中心。（3）各地旧礼仪派信徒的联系枢纽是莫斯科，其中，忠实的旧信仰支持者、女贵族莫洛佐娃（Морозова）的宅邸是当地支持者的中心，经常聚集着来自俄国各地的旧礼仪派信徒。

第四章为"旧礼仪派内部的分裂"。

17 世纪 90 年代，旧礼仪派分裂为教堂派和反教堂派两大派别。教堂派承认东正教教堂礼仪及东正教圣事；反教堂派则认为，由于反基督者的破坏，东正教会的宗教礼仪已经被歪曲了，因此否认东正教会的宗教仪式及教阶。[1]教堂派和反教堂派各自又分裂成了很多小的支派。1666~1667年宗教会议后，旧礼仪派信徒从莫斯科和其他大城市被迫逃到俄国遥远的边境地区，那里几乎荒无人烟。他们在定居的地方建立了修道院和隐修院，这成为他们宗教生活的中心。在旧礼仪派中这样的聚集地有几个，其中以教会活动而闻名的有以下中心：喀尔日涅兹（Керженец）、斯塔罗杜布（Стародубье）、韦特卡（Ветка）、伊尔吉兹（Иргиз）和莫斯科的罗戈任斯基墓地（Рогожское кладбище）。

第五章为"当代俄罗斯旧礼仪派"。

当今旧礼仪派没有一个统一的教会，而是由各个支派组成。在当代俄罗斯主要有四个旧礼仪派分支，当今旧礼仪派信徒除了去自己专门的教堂外，在其他方面与普通俄罗斯人的生活并无大异，比如他们也从事医生、学者、教师等普通职业，他们的孩子与官方教派信仰的孩子一样去学校上课。

五　研究方法

本书运用了历史文献综合分析法、宗教社会学研究方法以及人类学中的田野调查法。首先，采用历史文献综合分析法，通过阅读大量历史文献分析教会分裂原因，对当时教会所处的外部环境、教会内部矛盾进行全面分析，对旧礼仪派的发展进行全面细致的研究。其次，运用宗教社会学的方法分析教会在社会中的地位，以及它与政权的关系，分析政权怎样影响和决定了俄国教会的命运。最后，笔者运用田野调查的方法对当代俄罗斯旧礼仪派信徒进行了访问。2015年笔者到莫斯科大学交流学习，跟随莫斯科大学历史学系古文献学教研室主任、俄

---

[1]　乐峰主编《俄国宗教史》（上卷），北京：社会科学文献出版社，2008年，第276页。

罗斯科学院研究员娜塔莉亚·利特维娜学习了当代俄罗斯旧礼仪派的课程，并且积极参与旧礼仪派的活动，参观他们的教堂，了解他们的宗教生活。2015年4月笔者实地调研了莫斯科郊外的当今俄罗斯旧礼仪派的神学和行政中心罗戈任斯基墓地，实地采访了旧礼仪派信徒、神甫以及相关学者，对当今旧礼仪派的生活状况、社会活动，以及关于当代旧礼仪派的学术研究有了深刻的了解。

第一章　俄国东正教会分裂的历史背景

　　旧礼仪派是俄国东正教会分裂的产物。17世纪俄国东正教会的分裂运动是俄国宗教史和文化史上的重要事件。1653年，在沙皇的支持下，俄国东正教牧首尼康对俄国东正教经书和仪式进行了重大改革，要求按照希腊正教经书修正俄国东正教经文，统一俄国各种东正教仪式，包括不允许教徒用两个手指画十字，要求他们像希腊教徒一样必须用三个手指画十字等方面的内容。这些改革引起了部分神职人员和广大教徒的强烈不满，最终造成了教会分裂。那些反对尼康改革、坚持俄国旧礼仪的信徒从教会分离出来，被称为分裂派或者旧礼仪派。

　　俄国历史上最大的一次教会分裂运动是怎样发生的？分裂的原因是什么呢？我们认为，教会分裂的原因不仅仅在于改变某些仪式的细枝末节，这次分裂运动的发生有着更深层的历史文化原因——既有俄国教会内部的原因，也有来自教会外部的原因。

　　造成这次教会分裂的主要原因有以下三个方面。（1）教会内部的矛盾。混乱时期的教会内部，低级神职人员对高级神职人员的一些不道德行为很不满，要求在教会中实行礼仪和道德的复兴，这激化了双方已有的矛盾，奠定了教会最终分裂的基础。（2）教会内部的拜占庭化。尼康一直梦想着让俄国的东正教成为世界东正教的中心，如果俄国是世界东正教的中心，那么仪式必须与希腊保持一致，这促使牧首尼康在教会中积极按照希腊礼仪强制进行改革，直接导致了教会的分裂；沙皇建立"第三罗马"的理想与尼康建立"东正教"帝国的理想不谋而合，因此沙皇积极支持尼康的改革，加剧了教会的分裂。（3）教会外部的西欧化倾向。在"第三罗马"理想的驱动下，以沙皇为首的俄国上层社会中西欧化倾向明显，教会外部出现了许多不利于教会统一的因素，使得教会分裂的状况巩固下来。

第一节 教会内部的矛盾

俄国著名教会史学家马卡里（布尔加科夫）认为分裂本质上是对教会权力的反抗，有时也是对与教会联合行动的世俗权力的反抗。他指出，"我们的分裂分子，在刚出现的时候，甚至在还没有被大公会议处罚的时候就已经反对教会权力和世俗权力了。因为他们不想接受新修改的书籍，这些书籍是教会权力层修改并且按照沙皇的指令分发的。但是最初分裂派的领袖认为他们只是反抗尼康一个人，他们认为尼康是叛教者，想歪曲旧信仰，但是完全不反对教会权力或者世俗权力。因此他们在呈文中直接指向尼康，对沙皇阿列克谢·米哈伊洛维奇寄予这样的希望，即希望他和其他主教一起谴责尼康是旧信仰的教唆者，并且取消新书籍。然而当沙皇阿列克谢·米哈伊洛维奇召集1666年的大公会议研究分裂问题及相关呈文时，他谴责的是呈文以及分裂派导师，相反却完全赞许新修改的书籍"。[①]

马卡里指出，在俄国，礼拜仪式的不一致由来已久。通过分析古代文献，他发现在15世纪初已经出现了祷告后读两遍"哈利路亚"还是三遍"哈利路亚"，以及在教堂里顺时针行走还是逆时针行走的问题。16世纪初一些因素加剧了仪式混乱的局面。比如在神职人员和普通民众中普遍存在受教育水平低下的问题，并且当时有一些不懂礼仪的人伪造和传播有害的书籍，导致不同的礼拜仪式到处传播。

17世纪的俄国外忧内患，国内发生了暴动、起义，国际

---

① Макарий (Булгаков). История русского раскола, известного под именем старообрядчества, С-Петербург, Третие издание, 1889, C. 215–216.

上又不断和波兰、立陶宛、土耳其、瑞典发生战争，人民生活苦不堪言。"整个世纪是在极度紧张和不安，在意见分歧、口角和争论中度过的。这是一个不断造反和起义的世纪。"①

旧礼仪派的主要思想在这个时期最终确立了下来。马卡里认为 16 世纪末到 17 世纪上半叶，两指画十字以及唱两遍"哈利路亚"等旧礼仪派仪式最终确立了下来。他指出："百章会议以后（1553~1564）俄国开始教会礼拜书籍和教学书籍的印刷。这些书对以前的和新的分歧意见几乎没有作出任何反应，同时认为百章会议属于最伟大的大公会议。当这些印刷书籍传播到全俄国并开始在教会中使用时，旧礼仪派的意见就获得了人民眼中从未有过的知晓度和神圣性。古书确立了他们的尊严和力量，因此后来成为俄国分裂派的主要基础。"②

从 1604 年伪德米特里（Лжедмитрий）上台到 1613 年米哈伊尔·费奥多罗维奇（Михаил Фёдорович,1613~1645年在位）建立罗曼诺夫王朝的十年被称为"混乱时期"，这个时期俄国政治和思想意识形态上的悲剧给俄国人的身体和心灵都造成了沉重的打击。俄国人开始思考"罗斯怎么了，是什么原因导致'这个最虔诚的国家'处于灭亡的边缘，并且威胁到它的继续存在"。思考俄国命运的一些人将其视为上帝对罗斯罪孽和统治者的惩罚。在当时的文学作品中经常会有由于罗斯没有遵守上帝的约，没有用基督教的态度对待自己的东正教兄弟，不想承担自己对国家和教会命运的责任而受到惩罚的主题。当时俄国最大的宗教中心——圣三一修道院的院长修士大司祭狄奥尼斯（Дионисий）就是勇于揭露俄国社会问题的代

---

① 〔俄〕格奥尔基·弗洛罗夫斯基:《俄罗斯宗教哲学之路》，徐凤林、吴安迪、隋淑芬译，上海:上海人民出版社，2006 年，第 84 页。

② Макарий (Булгаков). История русского раскола, известного под именем старообрядчества, С-Петербург, Третие издание, 1889, C. 85-86.

表人物之一。他指出俄国人的罪孽之一是酗酒，还指出富人的社会罪孽，写了很多揭露当时社会问题的作品，产生了很大的影响。狄奥尼斯公开指出，俄国人，特别是莫斯科上层的人物没有按照基督徒应有的方式行事，因此受到上帝的惩罚。"狄奥尼斯感兴趣的不是个别人物的罪孽和错误，而是整个罗斯的罪孽和整个社会的举止，是整个第三罗马的失误，是罗斯对基督约的轻视。"①

1617年11月8日沙皇米哈伊尔·费奥多罗维奇颁布公文，委托狄奥尼斯和修道院长老一起开始修订书籍。他们既按照古斯拉夫文献又按照希腊文献进行修改。他们发现了较晚的印刷版的经书中有许多错误和曲解，花了一年半的时间找到了这些书中的错误与曲解之处。但是当他刚带着修改好的经书来到莫斯科呈给当时的牧首继位者都主教约夫（Иов）时，约夫由于嫉妒和无知称修订者为异端。狄奥尼斯和他的同事遭受了酷刑和辱骂，特别是狄奥尼斯被戴上镣铐，所有人都被关进了修道院。因此按照古斯拉夫文献和希腊文献进行修改的尝试没有成功。这件事让时任教会牧首菲拉列特极其谨慎地对待礼拜书的修改。在这之后米哈伊尔·费奥多罗维奇亲自监督书籍的印刷。②

这个时期俄国一些虔诚的东正教徒提出应该进行改革，提高人的道德水平，改变社会中的不良风俗，并且改革首先要从教会内部开始。

米哈伊尔·费奥多罗维奇统治时期是教会内部改革的酝酿时期，是教会分裂运动中的关键人物为教会改革作准备的时期。在17世纪初期的俄国教会改革中起关键作用的

---

① Зеньковский С.А. Русское Старообрядчество. С.66.

② Макарий (Булгаков), История русского раскола, известного под именем старообрядчества, С-Петербург, Третие издание, 1889, С. 123–126.

有两个因素，一个是深受狄奥尼斯影响的神甫伊万·涅罗诺夫（Иван Неронов），另一个是当时围绕在沙皇身边，为巩固神职人员和教徒们的道德而建立的"爱上帝"小组（Боголюбцы）①。这两个因素在尼康改革之前就已经开始在教会内部进行改革，并且取得了显著的成效，他们是旧礼仪派的前身，以后成了捍卫俄国旧信仰、反对尼康改革的主要力量。

伊万·涅罗诺夫是教会早期改革的先锋人物，他积极宣扬神职人员要过上道德的生活，认为当时这些无秩序、不道德现象的原因在于神职人员缺少基督教教育，尤其是从礼仪中获得的基督教教育。

1636年下诺夫哥罗德的九位大司祭和神甫在涅罗诺夫的领导下向约阿萨夫（Иоасаф I）牧首（1634~1640年在位）递交了一份报告，指出了俄国教会中让人失望的道德状况，请求采取紧急措施提升宗教虔诚和挽救处于危险中的东正教。他们在对牧首的信中指出了弥漫在教会中的混乱和不遵守信仰的情况，并且指责神职人员懒惰且玩忽职守。由于当时教会中一些神职人员想尽快结束礼拜，他们在教会中进行多声礼仪（Многогласие），即同时读祈祷文和唱诵圣咏，这导致人们听不懂礼拜内容，信徒们不能够从教堂中获得有益精神的教育。除此之外，社会中也充斥着多神教残余的混乱无序现象。

俄国著名教会史学家 А.В. 卡尔塔绍夫（А. В. Карташёв）在《俄国教会史概论》中描述了当时教会礼拜的混乱问题。

　　礼乐问题越来越受到莫斯科的重视。牧首约阿萨夫一

---

① 又译"虔诚信教者"小组和"热心宗教事业"小组。

世时教会礼拜的混乱问题主要有以下几点：

（1）教会中的唱咏是多声礼仪，不仅仅是两声或者三声，甚至是四声、五声、六声或者更多；

（2）在这种混乱中，祈祷的平信徒之间互相聊天，甚至忍不住笑出来；

（3）神甫为了迎合平信徒，跟平信徒聊天，胡说八道；

（4）礼拜前把钟放下；

（5）在星期日和节假日早课进行得很晚并且很匆忙；

（6）复活节那一周，午饭过后立刻进行晚课，这是为了给"喜欢喝酒的人"腾出一整天时间直至深夜（喝酒）；

（7）在做礼拜时神甫的孩子在祭坛上对平信徒胡作非为；

（8）几人一组的乞丐在教堂无所畏惧地行走，收集施舍物，一些人穿着像修士一样的衣服，戴着苦行僧的镣铐，散乱着头发，一些人匍匐在脚下。教堂就像杂乱的东方集市。①

以涅罗诺夫为首的神甫们向牧首建议，为了使基督的话语和祈祷的意义进入信徒的心中，必须缓慢、清晰、明白地通过一种声音进行礼拜，应该禁止多声礼仪，采取措施提高人们的道德水平，改善神职人员的纪律状况。下诺夫哥罗德神甫们的声音被牧首听到了，牧首部分实现了他们的要求。1636 年 8 月 14 日牧首以莫斯科神职人员之首的名义发了一份特殊的公

---

① Карташев А.В. Очерки по истории русской Церкви (том 2). M:TEPPA-TERRA, 1992, C.111.

告，公告规定教会中禁止两种、甚至三种声音同时进行礼拜，并且要求神甫们更加严肃地对待教会的礼拜和生活。几乎与此同时，牧首的监察员被派往下诺夫哥罗德，全权负责检查教会的书籍，重建神职人员的秩序。①

约阿萨夫在任时期印刷的宗教书籍经常带有一些更正，印刷事业进行得如火如荼。当时印刷厂有 12 台机器。在其任上的六年里，约阿萨夫出版了整整 23 本书，比牧首菲阿列特在任时还多；其中，7 本书是新的，是自有手抄本以来第一次进行印刷。有些书出版了几个版本，其中有的新版本没有变化，有的则存在差异和增补，并针对与之前版本的矛盾之处作了解释。坚信有必要且有权利大胆纠正所发现的错误，是这项印刷事业的特征。人们从不同的修道院找出了古代手稿来进行整理，并建立了一支新的细心的修订者队伍。1641 年，莫斯科需要所有修道院的"善良的长老、黑神品和辅祭，需要有自制力的、精力充沛和识字的人"参与其中。②

约阿萨夫时期的宗教书籍出版使旧礼仪派坚持的两指画十字以及两次唱"哈利路亚"等做法在俄国广泛传播且固定了下来。"我们发现，在那些地方，按照前 4 位牧首时期的礼拜书和指导册的规定，应三次唱'哈利路亚'，但是约阿萨夫牧首时期的指导书中开始这样印刷：'哈利路亚，哈利路亚，你的荣耀，上帝'，亦即唱两次'哈利路亚'……"而且修订者开始在圣咏集的教学书中坚持两指画十字，这在以前的圣咏集

---

① 参见 Зеньковский С.А. Русское Старообрядчество. С.92。

② Карташев А.В. Очерки по истории русской Церкви (том 2). M:TEPPA-TERRA, 1992, C.112.

沙皇阿列克谢·米哈伊洛维奇肖像画，创作者不详，油画，约创作于 1790 年和 1810 年间，现藏于圣彼得堡埃尔米塔什博物馆（Государственный Эрмита́ж / Hermitage Museum）。

牧首尼康像，伊万·贝兹明（Иван Артемьевич Безмин）创作，圣像画，1680
年代，现藏于 State Armoury Chamber in the Kremlin, Moscow。

中是没有的。①

改革获得了很大的响应。这次礼仪和道德的复兴运动主要覆盖了俄国的北部和伏尔加河上游，在分裂后这个区域成为旧礼仪派的主要发展地区。

新一代沙皇阿列克谢·米哈伊洛维奇于 1645 年登上王位，当时还不到 16 岁，所以身边的人对他的影响很大。"沙皇周围有三位对他有特殊影响的人物。他们是沙皇年迈聪明的叔叔大贵族莫洛佐夫（Борис Морозов，1590~1661）、沙皇的忏悔神甫斯特凡·沃尼法季耶夫（Стефан Вонифатьев，?~1656）和少年沙皇本人亲近的朋友费奥多尔·勒季谢夫（Федор Ртищев，1626~1673）。这三位都忠诚于教会，是真正的信徒，对他们而言信仰是个人生命和国家事务的一部分，他们总是在生活中尽力践行信仰的原则。"②

卡尔塔绍夫指出，这时沙皇周围环境"出现了年轻化的趋势，他的周围充满了新的思想和新的活力……这些充满活力的、年轻的教会活动家，在自己的领域表达了他们政府朋友的改革灵感，反映了国家在动乱后的普遍平静，再次激活了'莫斯科—第三罗马'的梦想。他们和沙皇一起参加会议［邀请了时任牧首约瑟夫（Иосиф，1642~1652 年在位）参加］，决定加强莫斯科的精神威望，将外省的地方神职人员特别是善于讲道的、受欢迎的神甫的才华和骄傲集合到莫斯科。应该向所有人亲自展示第三罗马的精神力量和光彩"。③

---

① 参见 Макарий (Булгаков). История русского раскола, известного под именем старообрядчества，С-Петербург，Третие издание，1889，С. 147。

② Зеньковский С.А. Русское Старообрядчество. С.103.

③ Карташев А.В. Очерки по истории русской Церкви (том 2). М:ТЕРРА-ТЕRRА, 1992, С.114.

1647 年涅罗诺夫从下诺夫哥罗德来到莫斯科，加入了沙皇身边的这个宫廷小组。这样，涅罗诺夫和斯特凡·沃尼法季耶夫、沙皇的朋友费奥多尔·勒季谢夫，以及后来成为牧首的尼康，共同组成了"爱上帝"小组。

"爱上帝"小组吸引了平信徒和印书院的院长参与教会事务和他们的传道。他们前所未有地扩大了印书院的印刷事业，不仅出版了教会书籍和初级学校的识字课本，并且也出版了各种科学书籍、教科书和参考书的译本。他们准备根据百章会议的条例修订书籍。①

1649 年"爱上帝"小组决定在全俄国宗教会议上提出关于单声礼仪的问题，此举目的是在全国范围内推广单声礼仪。他们认为单声礼仪是他们纲领的主要部分，恢复完整的礼仪是教会和国家复兴的神秘的道德和教育工具。"爱上帝"小组在宗教大会上成功地实现了一些礼仪的改变，他们还提议增加礼仪文献和宗教文献的出版，要求教会中的纪律更加严格，要经常布道和提醒教民们承担起道德责任。这些提议得到了沙皇的支持。②

前任牧首约阿萨夫于 1640 年 11 月 28 日去世，此后一年多都没有选出继任者。沙皇非常谨慎且缓慢地挑选新的牧首，直到 1642 年 3 月约瑟夫（Иосиф，1642~1652 年在位）才成为新的牧首。约瑟夫时期牧首权力比菲拉列特时期削弱了很多。尽管牧首约瑟夫并不懒惰，但由于年龄过高，并且疾病缠身，他无法跟上首都教会和宫廷的紧张步伐。教会中年轻活动家的建议在所有方面都领先于他，这伤害了他的自尊心，让他疑心重重。"在这一点，落后的约瑟夫和突飞猛进的尼康是无

---

① 参见 Движение боголюбцев, https://studfile.net/preview/7627436/page:30/。

② 参见 Зеньковский С.А. Русское Старообрядчество. С.43。

法相比的。"① 约瑟夫已经追不上沙皇周围年轻人的步伐了。教会史学家兹纳缅斯基在《俄国教会史》中如此写道："约瑟夫本人和菲拉列特一点都不像。由于软弱，他不仅不能够指导被强大的亲戚和大贵族包围的沙皇，并且也不能支撑其教会权力；在教会管理问题上我们看到牧首周围的辅祭和莫斯科的大司祭占统治地位。"②

如上文所述，当时教会进行礼拜时场面一片混乱。"神职人员为了讨好这些教徒，于是擅自采取一种速成的祈祷方式，结果教徒们念祈祷文和唱圣歌时声调不一致，各行其是，或者读经师在朗诵经文，教堂助祭则做祈祷，而牧师就大声呼喊，结果什么也听不清楚，只好照祈祷书把规定的全部内容读完唱完了事。通过了《百章决议》的教会会议曾严格禁止这样的七嘴八舌的祈祷仪式。但是神职人员并不理会会议的决定。本来光是针对这种不成体统的做法就足以给那些破坏教规的神职人员以纪律处分。宗主教遵照沙皇的命令于 1649 年就此事召开了一次教会大会，但是由于担心神职人员和世俗人员的抱怨，这次大会反而批准了那种不成体统的做法。"③ 在沙皇的施压下，牧首约瑟夫没有完全否决推广单声礼仪的倡议，而是决定暂时推后表决。1650 年沙皇下令让约瑟夫向君士坦丁堡的牧首寻求建议。他从君士坦丁堡牧首那里得到了肯定单声礼仪，并且应该在所有教堂中推行这种礼仪的回复。④

---

① Карташев А.В. Очерки по истории русской Церкви (том 2). М:ТЕРРА-TERRA, 1992, С.114.

② Знаменский П.В. История Русской Церкви. (电子版)

③ 〔俄〕瓦·奥·克柳切夫斯基：《俄国史》(第三卷)，张草纫译，北京：商务印书馆，2013 年，第 257 页。

④ Крамер А.В. Раскол русской церкви в середине XVII века, СПб.: Алетейя, 2014.С.74.

　　最终牧首发布公文解决了这一问题。"爱上帝"小组最终得到了清晰明确的回复，可以说他们在宗教会议上战胜了主教，这也是司祭对主教的胜利，低级神职人员对高级神职人员的胜利。1651年2月9日召开了新的宗教会议，会议的纲领记录在沙皇亲自起草的报告中。纲领的第一点就是支持单声礼仪，第二点是要推行更加清楚的唱咏，第三个是读诗篇的问题。① 尽管宗教会议最终决定推行单声礼仪，但是主教管理机构间接支持的争议在一些偏远地方和外省继续着，多声礼仪一直持续到18世纪末。

　　在和沙皇政府当局合作期间，"爱上帝"小组没有局限于传道、恢复单声礼仪和推广新的印刷出版物。他们利用自己对政府的影响，尽力在生活中实现自己的理想和建立能够提升人民和神职人员道德的环境，禁止赌博，禁止多神教的舞蹈，吸引居民进入教堂。他们提议限制售卖烈酒，为实现在周日和斋戒日禁止贩酒及关闭小酒馆而斗争，这得到了沙皇的支持，但是同时又增加了他们在商人以及爱喝酒的人中的敌对者。②

　　1645年和1652年间，"爱上帝"小组取得了很大的成就。政府和教会出台了很多法令禁止酗酒，严厉谴责酗酒，禁止神职人员和修士进入酒屋、喝伏特加，命令神职人员与酗酒斗争。

　　"爱上帝"小组为规范礼仪、推行和加强单声礼仪所进行的多年斗争既是为道德复兴，也是为了确立俄国古老的章程和信仰，而此后以下一任牧首尼康为首的官方教会对经文和仪式进行的修订则主要是为了与希腊仪式保持一致，以实现"东正教帝国"的梦想，没有顾及俄国本国的传统，因此尼康的新举

---

① 参见 Зеньковский С.А. Русское Старообрядчество. С.115–116。

② 参见 Движение боголюбцев, http://www.orthedu.ru/books/znam_rpz/soderzan.htm。

措必然会引起这些为复兴俄国教会而斗争的"爱上帝"小组成员的反抗。同时"爱上帝"小组与尼康的斗争也反映了俄国教会中低级神职人员和高级神职人员的斗争。

俄国教会中高级神职人员和低级神职人员的矛盾由来已久。东正教神品分为黑、白两种：属于黑神品的有修士（教徒出家后的称谓）、修士辅祭、修士大辅祭、修士司祭、修士大司祭、主教、大主教、督主教（牧首派往国外教区的代表）、都主教、牧首；属于白神品的有诵经士、副辅祭、辅祭、大辅祭、司祭、大司祭、司祭长。东正教会规定：具有黑神品的神职人员不能结婚，但能晋升主教及以上的职位；具有白神品的神职人员可以结婚，但是不能升任主教。[①] 在俄国东正教历史的早期阶段白神品也参与教会的事务，主教们也经常来自白神品。在基辅罗斯时期，有很多白神品的代表尽管没有成为修士也当上了主教。而蒙古入侵以后情况发生了变化，主教候选人几乎全部从修士中任命。蒙古入侵时很多城市被毁灭，当时修道院数量增加和主教人数减少的情况逐渐导致白神品完全被剔除出主教机构，然后修士垄断了空出来的主教阶层。修道院集中了丰富的书籍和教育资源，较之和图书资源及修道院学习隔绝的白神品，在修士中可以找到更多的适合主教职位的候选人。因此还在 15 世纪的时候几乎所有的主教都是修道院出身，而不是堂区出身。像那些成为主教的白神品的代表，比如牧首尼康等人，在当上牧首前接受了很长时间的修道院教育，学习结束时已经成为典型的修士代表。

白神品和主教团之间的差别表现在教育、生活方式和物质生活方面。白神品的大多数人是在距离修道院很远的地方接受的教育，如果白神品和平信徒的子女偶然进入修道院学习，修

---

① 乐峰、文庸：《基督教知识问答》，北京：宗教文化出版社，2009 年，第 98 页。

道院的领导也会努力将他们留在修道院，使之剪发成为修士或修女。因此堂区的神甫或者辅祭文化水平很低，甚至不太识字。诺夫哥罗德主教根纳季（Геннадий）的信函和百章会议的条例非常清楚地指出了 15 世纪末和 16 世纪中叶堂区神职人员的这种薄弱教育。[①] 而相反，主教中很多人都受过良好的教育，擅长写作。

除此之外，主教拥有很多的财富。莫斯科时期主教人数不是很多，在 1649 年只有 11 位，因此一些主教区的区域甚至比最大的西欧国家还大。主教的收入不局限于从堂区神职人员的收入中抽取十分之一，主教手中往往还有大量的土地和教区农民，其中，教区农民的数量一直在增长，到 17 世纪末达到了37000 户，超过 44 万人。[②] 除了从受主教直接管理的土地和农民那里获得的收入，主教们也从修道院得到可观的收入，有相当多的农民属于修道院。到 18 世纪末俄国大概八成的居民都直接处于主教和修道院的管理下。像特维尔和罗斯托夫这样的小主教区的主教，都会从 1000 多名教会农民那里获得收入。"现代研究表明，在 17 世纪末到 18 世纪初，俄国共有 600 多所拥有农户的修道院和荒野修道院，没有农户的修道院和荒野修道院也有 600 所。在有农户的 600 多所修道院中，136 所是 17世纪建立的中小修道院……那些大的（有农户 500 户以上）和特大的（有农户 1250 户以上）修道院都是和牧首尼康的名字联系在一起的。莫斯科教区的新耶路撒冷复活修道院在 1678年有 586 户农户，到 1700 年已有 2456 户农户；位于卡尔戈波尔县的基岛（Кий-остров）的十字架修道院在 1653~1661年有 812 户农户，1700 年有 910 户农户。伊维尔斯基修道院

---

① Карташев А.В. Очерки по истории русской Церкви. Т.1. С.438.

② Зеньковский С.А. Русское Старообрядчество. С.118.

1648 年有 2059 户农户，1700 年有 2302 户农户。"①

一些较为富有的主教，比如牧首和诺夫哥罗德主教，比富有的俄国贵族和商人财力还要雄厚。而乡村神甫却依靠每年 30 卢布的圣俸以及来自教会土地的微薄收入供一大家人生活，并且他还得从这些本就不多的收入中拿出十分之一给自己的主教。司祭们是堂区的神甫，同时他们还必须监督有几十个堂区的小教区的神职人员。实际上他们的职能是辅助主教管理教区，但是他们没有收入，没有主教的影响力和权力，人数却不比主教少。对于农民而言大司祭的意义不低于主教。这些大司祭的物质状况尽管比普通的农村神甫好，但是与财力雄厚的主教相比还是差很多。并且他们与普通神甫一样，完全依附于主教的管理。当时主教的管理机构实际上掌握在平信徒出身的官僚手中。这些官僚经常榨取堂区神职人员最后的血汗钱，他们从神甫那里收取高于十分之一的堂区收入，还从圣礼中收取附加费用，比如来自举行婚礼、洗礼和葬礼的费用。

历史学家尼科利斯基认为，教会由封建主的统治工具变为贵族国家的统治工具是在 17 世纪完成的，在"混乱时期"结束之后，服役贵族最终占据了莫斯科国家的统治地位，并根据自己的利益相应地对这个国家进行了改造。这一转变也涉及教会。②

1649 年沙皇阿列克谢·米哈伊洛维奇颁布了新的旨在加强国家对教会事务管理的法典——《1649 年宗教会议法典》（Соборное уложение 1649 г.）。从此，政府通过"衙门"来实现修道院的管理。法典的目的是加强国家对修道院的监

① 乐峰主编《俄国宗教史》（上卷），北京：社会科学文献出版社，2008 年，第 334 页。

② 〔苏〕尼·米·尼科利斯基：《俄国教会史》，丁士超、苑一博、杜立克等译，北京：商务印书馆，2000 年，第 127 页。

督和限制修道院所占有土地的扩大。法典绝对禁止修道院以牧首、都主教、大主教和主教的名义再次购买、抵押和作为永久礼物接受世袭的、受赏的和已被购买的领地。违者将被没收领地（《1649 年宗教会议法典》17 章 42 条）。按照此法典，修道院不再拥有大部分城市领地——手工农贸集镇。1649 年以前，修道院及其领地的居民受教会和主教法庭管辖，而不受全国机构的管辖。现在，神职人员和修道士也和普通信徒一样，在宗教事务方面受"修道院衙门"的管辖，这是一种国家机构，和其他"衙门"一样，由侍臣和机关首领来领导。① 虽然"修道院衙门"后来被取消了，但是国家对教会事务的参与已经开始。世俗官僚对教会事务的干涉导致教会中出现了买卖圣职和对低级神职人员收取苛捐杂税的现象。

"教会王公贵族们的财富和自由自在的生活是由农奴的劳动和通过各种税收对堂区神职人员的剥削造成的。对于堂区神职人员，主教的管理依然是征收贡赋；甚至流行起'赋役神甫'的说法了。"②

教会管理机构从神职人员那里收税，其实就是间接从平信徒那里收取，在几百年的时间里，堂区的神职人员和平信徒心中对教会管理机构积累了很多不满和愤恨。在 14 世纪末和 15 世纪初这种不满催生了异端斯特里高丽分子（стригольник），在诺夫哥罗德（Новгород）和普斯科夫（Псков）非常流行。该异端学说非常重要的一个方面是谴责买卖圣职。他们指责俄国神甫不是真正的神甫，因为主教任命候选人担任神甫是为了钱。还没有经过一百年，被教会和世俗权力镇压下去的斯特里

---

① 乐峰主编《俄国宗教史》（上卷），第 334~335 页。

② 〔苏〕尼·米·尼科利斯基：《俄国教会史》，第 134 页。

高丽运动就在俄国爆发的日多维异端（жидовствующий）① 运动中得到了回应，该运动也是反对主教阶级的过度膨胀的权力和苛捐杂税。

在16世纪初，一个叫格奥尔基·斯克里普尼茨（Георгий Скрипниц）的来自堂区的神职人员反对买卖圣职和苛捐杂税。他给1503年的宗教会议写了一封捍卫白神品的信，公开且尖锐地指责主教，称其应为俄国教会的所有罪孽负责。在信中他写道，由于主教们毫不关心教会事务，神甫经常破坏教会的法律。按照神甫斯克里普尼茨的观点，主教的主要过错在于他们完全没有关注神职人员，将所有的主教事务都交给了世俗官员和大地主。

1551年的百章会议稍微改善了教会中的状况，实行教会长老和甲长（帝俄时从农民中选出）管理地方教会的制度。按照会议领袖的意见他们是介于主教和堂区神职人员之间的中间人，这些人应该成为地方管理机构的成员。但是这个规定根本没有在生活中发挥实际作用，教会长老和甲长大部分也是大司祭，他们仍旧受主教的管制，因此这根本不能保护神职人员不受主教官员的欺压和侮辱。

到了17世纪初期，俄国教会中高级神职人员和低级神职人员的矛盾日益突出。这种"修士出身"的主教逐渐将主教变成了与白神品隔离的组织，他们不理解低级神职人员的需要，经常鄙视这些没有受过教育、非常贫穷、来自堂区的没有影响力的兄弟。

这些矛盾引起堂区神职人员的反抗。"乡村神职人员最为

---

① 该宗教运动开始于1470年，其成员来自不同的社会阶层（辅祭和地主的子女），该异端思想倾向与自由思想家的类似，教会认为一个叫"жидовин Схарья"的人是该异端运动的发起人。

艰辛，他们的反抗也就最为激进和坚决。他们没有立即为服役贵族阶级效力，也没有一下子就完全顺从教会最高权力。乡村神甫在经济状况方面与农民毫无区别，他们不得不与'庄稼汉'同时和同样地手握犁杖和镰刀，而对教会的王公贵族充满了仇恨和愤怒，并且早在分裂运动开始之前就极为明显地表现出自己的不友好态度——他们与堂区教民一起殴打高级神职人员的征税官，不愿在高级神职人员那里打官司，并且'蔑视'高级神职人员的祝福。"[1]

这种影响渗透到了高级神职人员管辖的修道院。1622年诺夫哥罗德的主教马卡里就向沙皇抱怨，修道院的修士大司祭和主持司祭、各村社教堂的神甫和辅祭，以及教堂辅助人员和平民百姓丝毫不听他的话，一切宗教案件都不肯接受法庭审判并且表现得很强硬，宗教案件的诉讼费和其他各种收费均为那些修士大司祭和主持司祭以及神甫所掌握和私吞……

此外，低级神职人员还要受世俗官僚的管理。17世纪20年代，牧首菲拉列特设立了特别的牧首管理处，这个俄国教会的高级管理机构完全掌握在世俗官员的手中：大地主、御前侍臣和书吏。1667年宗教会议前，牧首管理处的世俗法庭一直被认为比教会法庭更重要，且在牧首尼康的时候才有教会的人士加入这个主教管理的高级管理机关。因此"爱上帝"小组一方面要和主教们作斗争，另一方面也要和这些教会管理机构的世俗官僚作斗争。牧首管理处的成员们害怕如果"爱上帝"小组运动取得成功，权力和收入会从他们手中滑落出去。

尼科利斯基认为，牧首制的确立只是加剧了混乱与不满。牧首约瑟夫时期颁布的一项指令加剧了教会官僚体系和神甫之间的紧张关系。为了收取苛捐杂税，牧首管理处规定，有关任

---

[1]　〔苏〕尼·米·尼科利斯基：《俄国教会史》，第135页。

命神甫的一切事务，比如将他们从一个堂区调整到另一个堂区，以及建立教堂的事务，都须由相关神职人员亲自到莫斯科的牧首管理处办理。这样，在这些外省神职人员来到首都的时候，官员们就能够轻松地从他们那里非法收取财物。"堂区的神甫为此有时不得不走 500~1000 俄里来到首都；为了更加快速地解决自己的问题，他们应该付给牧首管理处官员报酬。神甫候选人支付了相当高的手续费以后才能得到任命。"[①] "尼康时期情况也没有变化，尼康对这一切极为赞成。他'傲慢'地长期不接见请求人，毫无道理地让他们在莫斯科住上好几星期；随后他对牧首地区进行了重新登记，并且实行新的税额，其数额之大，连'鞑靼神甫'的生活也比他们的好得多。"牧首和高级神职人员将沉重的赋役转嫁到了乡村教士群体上，这些教士还要同时受到"新旧贵族"的横行霸道之害。"新旧贵族领地上的神甫和辅祭常常被戴上镣铐关进监牢，遭到毒打，被逐出教堂"；尼康时期，新旧贵族甚至鼓励这种做法，即"把神甫打一顿，就像打狗一样，如果他还活着，就扔个 5 卢布（当做赔礼钱）"。[②]

高级神职人员以及主教管理机构买卖圣职、收取各种苛捐杂税、酗酒、进行多声礼仪等无秩序、不道德现象引起了广大神甫的强烈不满。除此之外，贵族们对低级神职人员的压迫也使其积怨甚深。反对高级神职人员和反对新旧贵族结合了起来。俄国教会积累了几百年的矛盾在 17 世纪彻底爆发了。以"爱上帝"小组为代表的低级神职人员在沙皇宫廷中找到了支持自己的力量，开始顽强地与高级神职人员作斗争，他们想恢复俄国以前的传统，想让白神品也参与到俄国教会管理的最高

---

① Зеньковский С.А. Русское Старообрядчество. С.119.

② 参见尼·米·尼科利斯基《俄国教会史》，第 136~137 页。

机构——宗教大会中。

与此同时，城市神职人员（"爱上帝"小组的主要成员）的反抗也逐步形成，他们同高级神职人员的斗争方式是揭露各种不道德行为。因而他们受到高级神职人员和牧首的直接管辖，受到各方面监视，这种监视在尼康时期达到了极端地步。

在1649年宗教大会上，大司祭们与主教开始了对抗斗争。教会内部的紧张关系引起了双方的愤怒。当时沃尼法季耶夫作为"爱上帝"小组代表在宗教会议上称牧首和主教们为"豺狼"和"教会的破坏者"，主教们反过来，也努力阻止教会的复兴运动，甚至要求判处沃尼法季耶夫死刑。[①] 虽然沃尼法季耶夫在1649年的宗教大会上对所有的主教阶层和主教官僚作出了挑战，但是"爱上帝"小组的主要思想此时还没有形成。这些思想是后来由大司祭涅罗诺夫表述出来的。涅罗诺夫在自己对沙皇阿列克谢·米哈伊洛维奇的信中，强烈地请求将白神品和平信徒纳为宗教大会的成员。

"爱上帝"小组想通过自上而下的改革同这些恶习进行斗争，他们想改革的只是教会组织和道德状况。他们想让听命于自己的主教代替对堂区教士进行剥削的王公贵族，还幻想以后实行主教选举制。他们认为应该有"真正的宗教会议"，它不能仅由一些高级神职人员组成，而且也要有神甫和"世俗人士"参加。他们改善教会道德状况的目的是从内部巩固教会。在他们的观念中，改革完全不应涉及信仰和崇拜的本质。他们只希望教会进行礼仪调整：废除多声诵读以及改正祈祷书中印刷方面的错误。他们不想触动各地长期形成的礼仪中的某些地区性差异。"莫斯科的诵读和画圣像方式就与诺夫哥罗德或索

---

① 参见 Крамер А.В. Раскол русской церкви в середине XVII века, СПб.: Алетейя, 2014. С.74。

洛维茨基群岛的不完全一样。但是，这些地方的不同从传统上讲，都是合理的，这种传统归根到底都起源于某一位正是以这种方式而不是别的方式侍奉上帝的显圣者或圣徒。"①

但尼康与"爱上帝"小组成员们的改革理念完全不同。尼科利斯基指出，尼康不反对改善教会的道德状况，但是他与过去朋友们的共同之处也仅限于此。尼康想从组织方面改善教会，但不是通过在教会中确立宗教会议的原则，而是通过在教会中实行严格的牧首一人掌权而不依附于沙皇的途径，以及通过教权高于君权的途径，来实现这个目的。

另外，由于当时白神品地位低下，接受的教育很少，所以当时教会中普遍存在白神品不识字的问题，他们只能在形式上或者发音上完成礼仪，一旦发生改变，这些人就不能完成礼仪。"可以想象得出，当新礼仪书发到各个教堂时，堂区神职人员中间掀起了怎样的风波。文化水平很低的乡村神职人员是靠耳听学会做各种礼拜的，他们只能或者拒绝这些新书，或者让位于新来的神甫，因为要他们重新学习是不可能的。"②

这样，俄国由来已久的高级神职人员和低级神职人员之间的矛盾在尼康与"爱上帝"小组的斗争中得到了充分体现。尼康进行的改革与"爱上帝小组"进行的改革完全对立。尼康要求按照希腊仪式改革教会礼仪，一心想实现自己的神权政治理想，想让教权高于政权，而不顾及低级神职人员的情感和现实状况；以"爱上帝"小组为代表的低级神职人员则只想改变教会的道德状况和教会组织（即想让平信徒和低级神职人员参加宗教会议），并不想对教会礼仪中的多样性和细小差别进行谴责。因此，尼康的改革势必会引起他们更强烈的抵抗与冲突，

---

① 〔苏〕尼·米·尼科利斯基：《俄国教会史》，第141页。

② 同上书，第149页。

教会内部残酷的斗争开始了，这两股力量最终促使俄国教会走向了分裂。

第二节 教会中的拜占庭化

俄国历史学家曾写道："拜占庭化是 17 世纪后半叶俄国社会典型的特点。"[1] 尼康是拜占庭化的积极践行者。俄国哲学家弗洛罗夫斯基如此评价尼康："就像彼得大帝后来狂热地喜爱一切东西和一切穿着都要按照德国的或者荷兰的一样，尼康也几乎病态地倾向于一切都按照希腊的样子加以改造和装潢。"[2]

牧首尼康 1605 年出生在一个农民家庭，12 岁时偷偷跑到修道院，然后被劝说返回家中。他养育了几个孩子，但是孩子们不久相继死去。他说服妻子进修道院，自己也剪发为修士，取名尼康。他曾在一座修道院任院长，并在莫斯科见到沙皇阿列克谢·米哈伊洛维奇。由于天资聪颖、勤奋好学、热心工作，加上漂亮的外表，尼康深得沙皇的喜爱，他们成为朋友。沙皇将诺夫哥罗德区都主教职位赐给他。在约瑟夫去世（1652年）后，沙皇建议尼康出任牧首，经过一段时间的考虑，尼康同意接受这个重要职位。尼康凭借自己的才能和勇气深受沙皇阿列克谢·米哈伊洛维奇赏识。因为工作成绩突出，沙皇将"大君主"的称号加在尼康的头上。不过，虽然拥有此称号，但尼康主要以牧首身份管理国家，而同样拥有此称号的前牧首菲拉列特和沙皇米哈伊尔是父子关系，实际上拥有更多实权。[3]

尼康成为牧首后注意到俄国礼拜经书经常有不一致的地

---

① Крамер А.В. Раскол русской церкви в середине XVII века, СПб.: Алетейя, 2014. C.58.

② 〔俄〕格奥尔基·弗洛罗夫斯基：《俄罗斯宗教哲学之路》，第 93 页。

③ 参见戴桂菊《俄罗斯政教关系》，见乐峰主编《俄国宗教史》（上卷），第 454~455 页。

方，各地的礼拜仪式之间存在一定的差别，特别是某些程序的先后顺序差别很大。

实际上，俄国礼拜经书不一致的情况由来已久，这是有一定的历史原因的。在印刷技术出现之前，俄国教会用书均采用手抄本，各地手抄本的范本不一样，而且在抄写过程中人为错误很多。这些错误代代相传，造成了礼拜用书混乱的现象。这个问题早在百章会议时就被注意到了。16世纪下半叶俄国使用印刷技术后，在印刷礼拜用书时，这个问题已经无法回避了，因为这时牵涉采用哪种手抄本为范本的问题。在礼拜仪式方面，情况也与此类似，各地存在一定的差别。经常到俄国来的希腊人多次向俄国指出礼拜仪式上的一些问题，因此引起了尼康的极大关注。

尼康当上牧首后虽然继续着手俄国仪式的问题，就像从前和"爱上帝"小组合作的那些年那样，但是他的想法已经发生了很大的变化，和曾经的朋友涅罗诺夫及沃尼法季耶夫想法不一样了。"爱上帝"小组想复兴俄国传统的礼仪，消除多声礼仪的弊端，而尼康却想规范和统一俄国的礼拜经书和仪式，并且想让俄国礼仪与希腊礼仪一致。

耶路撒冷牧首帕伊西（Паисий）对尼康的影响很大。尼康是个雄心勃勃的教会活动家，他企图将俄国教会建成普世教会。这个普世教会的样板是希腊教会。因此，俄国教会在一切方面都应该与希腊教会一致，不能有任何偏离。尼康在1655年的教会会议上宣布，虽然他是俄国人，是俄国人的儿子，但是他的信仰和信念是希腊的。[1] 尼康不允许与希腊信仰有任何差异，并且坚决果断地推行礼拜仪式改革。

---

① 参见瓦·奥·克柳切夫斯基著《俄国史教程》（第三卷），第300页。

　　为了消除礼拜用书的混乱和礼拜仪式上的差别，尼康还找到了支持他进行礼仪改革的根据，这就是 1593 年东方牧首们签署的在俄国建立牧首制的文告，其中写道：莫斯科牧首是其他信奉东正教的牧首们的兄弟，因此在各个方面都应与他们保持一致，要在自己的教会内部杜绝一切标新立异，因为标新立异常常导致教会的纠纷。[①] 于是，尼康决定恢复俄国教会与希腊教会的一致，按照希腊传统修改俄国的礼拜用书和礼仪。他先从希腊，后又从基辅邀请一批神职人员，开始按照希腊传统对礼拜用书及礼拜仪式进行修改。

　　约瑟夫牧首去世以后，尼康成了新的牧首并作了很多贡献。但是"爱上帝"小组的活动唤起了尼康神权政治的空想，他想建立一种以牧首为领袖的教会体系在国家占据主导地位的政教关系。基于这种信仰，尼康向格鲁吉亚提供了帮助，此外还帮助波兰—立陶宛联邦的居民和西南罗斯对抗波兰天主教的入侵。尼康当上牧首后，想影响俄国的政策，保卫和联合所有的东正教国家。他想将所有东正教信徒统一到俄国沙皇和莫斯科牧首之下，将俄国变为泛东正教帝国。尼康担心俄国礼拜仪式的不同会影响其东正教帝国理想的实现，因此他想尽快统一俄国的礼拜仪式。

　　为了解决俄国礼拜仪式与希腊礼拜仪式不同的问题，尼康付出了很多努力。他还派学者苏哈诺夫（Суханов）去到阿陀斯山[②] 求证到底希腊的礼仪正确还是俄国的正确。苏哈诺夫没有从阿陀斯山那里得到确切的答案，但是以他为代表的很多神

---

① 参见尼·米·尼科利斯基《俄国教会史》，第 301 页。

② 圣山阿陀斯位于希腊海岸的哈尔基季基半岛。阿陀斯山修道院是东正教最早的修道院之一，1080 年由来自罗斯的修道士兴建，长期与俄罗斯东正教会有密切接触。在拜占庭时期，修道院依靠帝国皇帝的保护和特恩得到很大发展，出现了僧侣村。15 世纪后进入鼎盛时期，最多时有修士 2 万余人。

职人员坚信俄国礼仪的正统性，因此坚决捍卫俄国的礼仪。而尼康担心俄国礼仪与希腊礼仪的不同会削弱将来俄国作为全人类东正教会领导的地位，会影响自己"东正教帝国"梦想的实现，因此命令修改教会书籍。当时印书院搜集了古老的俄国礼仪与古希腊礼仪的资料，但是尼康并没有采用，而是命令对当时的希腊书籍进行翻译。

1653 年，在大斋期之前，尼康牧首没有召开全体会议，而是凭着自己的权力给各个教堂发下一道教令，规定在诵读叙利亚的以法莲（Ефрем Сирин）的祈祷文时要叩几次头，而且他还要求用三个指头画十字。① 尼康的改革没有止步于改变画十字的方式，他想改变所有的礼仪，这种态度损害了教会的权威，伤害了"爱上帝"小组对俄国礼仪传统的忠诚态度。在尼康改革初期，"爱上帝"小组与尼康进行了强烈的对抗。他们坚决捍卫俄国传统的礼仪，这个小组的许多成员后来成了旧礼仪派的导师，继续与官方教派斗争，捍卫俄国的古老传统。尼康当上牧首后，在很多方面继续了"爱上帝"小组的计划，但是他是独自进行这些行为的，没有重视"爱上帝"小组存在的事实本身，忘记了自己与他们曾经的朋友情谊，以及为了教会共同所做的工作。在沃尼法季耶夫和涅罗诺夫与前任牧首约瑟夫发生冲突之后，尼康对"爱上帝"小组的态度发生了显著变化。因为他自己也参与到和约瑟夫的斗争中，很了解牧首的困境，所以他避免和以前的朋友合作。

在尼康继任前的这几年间，"爱上帝"小组的声音响亮地在俄国教会传开，沙皇要求牧首约瑟夫重视他们，接受他们整顿俄国东正教会的纲领，"爱上帝"小组已经不再惧怕主教的愤怒和威胁了。然而此刻，尼康从教会得到独裁的权力之后，

---

① 〔俄〕瓦·奥·克柳切夫斯基：《俄国史教程》（第三卷），第 301 页。

就削弱了"爱上帝"小组对教会的一切影响，不再和他们商议。他开始推行自己个人对教会的领导，以此取代对教会的集体领导。在和"爱上帝"小组斗争的过程中，尼康在高级神职人员、官僚阶层中找到了支持力量。

与涅罗诺夫等以前的朋友分道扬镳以后，尼康的行为变得更加谨慎。"爱上帝"小组被流放和被击溃之后，尼康将自己的注意力集中在设立能够促进实施他的新举措和出版新礼拜书籍的机构方面。1654年初，印书院转到牧首的控制下，开始完全被尼康任命的人把控。

在此后的三年里，他集中力量准备俄国章程与新希腊章程的一体化，1655年3月25日～31日召开的地方宗教会议在牧首的施压下同意了改变章程和教会习俗的提议。由于尼康的"改革"，俄国仪式完全按照新希腊的样式改变了。但他的新举措局限在改变和统一仪式上，因为所有其他方面，比如单声礼仪和布道实际是由"爱上帝"小组推进的。这时候的尼康本人看起来也更加希腊化了，这是他特别努力的结果。他在俄国教会中推行了希腊式的服装，其中就连俄国牧首著名的白色僧帽都被希腊式的代替了。这触及了想保留旧信仰的俄国人的最后容忍界限，引起了反抗的风暴，他们指责尼康是异教徒，为敌基督卖命。有关尼康就是将要到来的敌基督的传闻被越来越广泛地传播。在罗斯托夫，有一群支持涅罗诺夫的市民受当地的神甫号召，开始宣传反对牧首和其企图。他们说，宗教会议在异教徒的手中，罗斯托夫的主教和他的"父"——牧首被诅咒了。在逮捕了这些人之后教会发现，这些市民与涅罗诺夫保持着密切联系。① 这样，反对尼康拜占庭化措施的活动从教会内部的神职人员扩大到了普通大众中，这些人积极捍卫俄国旧

---

① Зеньковский С.А. Русское Старообрядчество. С.189.

礼仪，不惜被官方教会革出教门，导致了统一的俄国东正教会分裂为改革派和旧礼仪派。

尼康推行的一系列强制措施是教会分裂的导火线，他的第一批敌对者（涅罗诺夫、阿瓦库姆以及他自己过去的朋友）和以尼康为首的改革派进行了顽强的抵抗，最终导致了教会的分裂。除此之外，尼康建立东正教帝国的宗教梦想与沙皇"莫斯科—第三罗马"的政治理想不谋而合。为了巩固自己的专制制度、国家和教会的统一，沙皇积极支持尼康改革，巩固了尼康改革的结果。

"第三罗马"的思想在俄国沙皇和人民的心中已经根深蒂固。俄国学者 A.克拉默指出，"这种思想成了正在形成的古罗斯社会的信仰，甚至深入到人民大众中，形成了一系列有关圣人和圣物从两个衰落的罗马逃到莫斯科公国的传说"。①

虽然"第三罗马"思想产生于 15 世纪的莫斯科公国时期，并且也影响了莫斯科大公和公民，但是当时莫斯科公国的经济实力、政治影响力并不是很大，因此这种思想仅仅处于宣扬阶段。到了 17 世纪中叶，莫斯科公国经济实力不断增强，政治上更加统一和巩固，民族意识也大大提高，这使其能够通过某种现实的政治和军事行为加强这种思想，而不仅仅是靠希腊神职人员和世俗人员的宣扬来实现。俄国历史学家认为："在俄国历史上，东正教帝国的理想在任何时期都没有像在沙皇阿列克谢·米哈伊洛维奇统治初期那样如此得到沙皇的珍视，如此积极地实现。"② 比如 1655 年与波兰战争胜利之后，沙皇就扩展了名号，称自己为"全大罗斯、小罗斯和白罗斯的沙皇和专

---

① Крамер А.В. Раскол русской церкви в середине XVII века, СПб.: Алетейя, 2014. С.53–54.

② Зеньковский С.А. Русское Старообрядчество. С.103.

制者，立陶宛公国、沃伦公国、波多里耶公国的大公"，"这是要拥有俄国全部的土地，以及邻国波兰—立陶宛王国（Речь Посполита，此为 1569~1795 年联合的波兰—立陶宛国家的正式名称）的土地的声明"。①

受"第三罗马"思想的影响，沙皇阿列克谢·米哈伊洛维奇认为自己的使命是建立全东正教帝国，他将自己和俄国看成是拜占庭皇帝和拜占庭帝国。并且他认为，如果不完全统一东正教会的秩序就不可能达到这个目标，东正教应该成为这个帝国的证明，成为这个帝国的思想和口号，同时也是它的基础和胶合剂。②

为了实现这个目标，沙皇开始统一东正教的秩序和礼仪。他非常关心东正教的秩序和稳定。他写道："不应该只照顾政治的事情，还应该保持教会的和平和遵守信仰。如果我们保留和获得了这个（教会的和平），那我们就会有上帝赐予的所有有福的创造、和平、丰厚的果实，能够妥当地解决其他一切事情。"③

沙皇将实现帝国的梦想与东正教紧紧地联系在一起是有原因的。沙皇本人是非常虔诚的东正教徒，很重视教会生活。沙皇的爷爷就是一位主教，因此他从小就受到了全面、深刻的教会教育。据史书记载，他五岁就开始学习他爷爷主教菲拉列特特意编写的识字课本，这本书中有各种封号、圣贤名言、简短的教义问答等；而后又学习了圣诗集、《使徒行传》等。"阿列克谢在祈祷的艺术和斋戒的方式上能够同任何一个僧侣比比高低：大斋期内每逢星期日、星期二、星期四和星期六以及在圣

---

① Седов П.В. Закат московского царства. СПб: Дмитрий Буланин, 2008. C.111.

② 参见 Крамер А.В. Раскол русской церкви в середине XVII века. C.55。

③ Карташев А.В. Очерки по истории русской Церкви (том 2). M:TEPPA-TERRA, 1992, C.122.

母升天斋期，沙皇每天只吃一顿饭，而且他的饭食是白菜、乳蘑和浆果——所有这些菜都不放油；所有斋期内每逢星期一、星期三和星期五他就什么也不吃，什么也不喝。在教堂里他有时连着站五六个小时，平均每天叩上千次头，而在某些日子他甚至叩一千五百次。"①沙皇的虔诚使得他对教会的事务非常关心。

在统治期间，他对教会书籍进行了改革，在神学书籍中沙皇被称为圣人。并且从他开始，沙皇会在圣堂领圣餐，这种做法就和当时拜占庭的做法一样。"从 17 世纪下半叶起，沙皇开始在圣堂领圣餐——在通过皇门进入的地方——就像神职人员那样，当时拜占庭的皇帝就是这样做的……这有着 17 世纪下半叶典型的拜占庭化特点……整体上阿列克谢·米哈伊洛维奇圣餐礼的程序和拜占庭皇帝圣餐礼的程序一致……毫无疑问，在这个事件上，沙皇直接转向拜占庭的宗教仪式……1667 年 4 月 4 日，伟大的君主按照以前的传统领圣餐，'以前的传统'指的不是别的，正是拜占庭的传统……"②这正说明了在俄国教会中出现了一股拜占庭化的潮流。

沙皇建立"第三罗马"帝国的思想与尼康建立东正教帝国的梦想彼此呼应，因此沙皇和尼康都想要俄国礼仪与希腊礼仪保持一致，于是积极进行宗教改革。而且在改革初期，尼康和沙皇的友好关系也是沙皇支持尼康改革的一个因素。沙皇非常器重新牧首尼康。前牧首约瑟夫去世后，沙皇的忏悔神甫沃尼法季耶夫（Вонифатьев，1645~1652 年在教会中掌管着一切事务，是教会的实际领导人，曾为牧首之位最有希望的候选

---

① Карташев А.В. Очерки по истории русской Церкви (том 2). М:ТЕРРА-ТЕRRA, 1992, С.319.

② Успенский Б.А. Этюды о русской истории. С.232–242.

人，但是他拒绝担任新牧首）推荐尼康担任牧首时，沙皇非常高兴地同意了。在担任下诺夫哥罗德主教期间，特别是1650年发生混乱时，尼康展现了果断而坚决的品质，身为领导者无畏于所面临的危险和责任。这些品质受到沙皇的欣赏。沙皇写给尼康的信很好地证明了他是怎样尊重和依恋这位主教的，信中包含"我的挚友，物质世界的和精神世界的""发光的主教""照亮全部宇宙的太阳"这样的表达。[1] 这些都表明了沙皇如何器重这位朋友，由此可知尼康的意见对他来说很重要。1654年的宗教会议就是在沙皇的主持下进行的，这次会议决定在印刷教会书籍时根据古代斯拉夫语和希腊语经书进行修改。[2]

"遵循这一指示，校订者们首先将威尼斯出版的希腊文本翻译出来，而且由于对自己的希腊文知识不太放心，便常常用东仪天主教的斯拉夫文本来校对。这一译本便是新的俄文礼仪书的基础版本；最终的修订本是根据一些古代的斯拉夫文和希腊文手抄本又作了某些修改后确定下来的。这一最终的修订本得到尼康的批准并送交印刷所大量印刷……结果，当尼康将旧的宗教礼仪书和一些礼仪换成新的以后，就好像是实行一种'新的信仰'。"[3]

修改后的礼拜用书与各地礼拜用书有很大的差别，敏感的神职人员立即发现了这些变化。如俄国人已经习惯了把耶稣之名拼写成 Исус，按照希腊文本完成修改的书籍则将耶稣拼写成 Иисус，即添加了一个字母。虔诚的信徒认为耶稣的名字蕴含一种特殊的力量，他们认为改变后的耶稣之名已经丧失了原

---

① 参见 Зеньковский С.А. Русское Старообрядчество. С.156。

② 〔俄〕瓦·奥·克柳切夫斯基：《俄国史教程》（第三卷），第302页。

③ 〔苏〕尼·米·尼科利斯基：《俄国教会史》，第301页。

来的拯救力量。①

新的礼拜书籍的出版在信徒和神职人员中引起了很大的混乱。一方面，信徒听不到他们熟悉的祈祷文；另一方面，神职人员对这些新的祈祷文也很陌生，他们对旧的祈祷文早已熟稔于心，很难改变。有经验的神甫开始公开抵抗和严厉谴责修订章程，他们很清楚章程中的变化，认为这些变化是对旧礼仪的嘲笑，对两指画十字的诅咒必定会导致对信仰的破坏。反对修改礼拜用书和礼拜仪式的信徒将尼康改革后的宗教称为"陌生的新信仰"，他们坚决反对这种新信仰，维护自己的旧信仰。②

除此之外，新的礼拜书出版后，它的个别新版本之间也有很多不一致的地方。在1655年和1688年之间出版的任意10本礼拜书中的经文都往往存在差异，因为这些没有经验的修士对待校对工作很不认真，他们自己经常弄混、乱说，甚至犯新的、比以前更糟糕的错误。新出的第一版礼拜书中有很多低级的错误，它的出版很快就暂停了。较晚出版的礼拜书好了很多，这些修订者分析了自己的错误后开始了更加认真的工作，甚至开始参考古代的材料来检查文本。但是为时已晚，不可挽救的错误已经犯下，人们对新礼拜书的信任已遭破坏。

为什么对祈祷仪式细节的修改会引起如此激烈的争论，为什么旧信仰捍卫者对这些"一点点基本常识"如此看重呢？尼科利斯基指出，"在这些'基本常识'背后隐藏着两个实在对立面：崇拜对象五花八门、宗教礼仪多种多样的独立堂区旧教士和要在各地消除一切独立阴影并力求实行统一化的新的贵族教会"。③因此，俄国教会内部针对礼仪的斗争其实是低级神

---

① 参见戴桂菊《俄罗斯政教关系》，见乐峰主编《俄国宗教史》（上卷），第455页。

② 同上书，第456页。

③ 〔苏〕尼·米·尼科利斯基：《俄国教会史》，第145页。

职人员与代表贵族利益的官方权力体系的斗争。在教会中拜占庭化潮流的驱动下，以尼康为首的教会统治阶层采取了一系列激进的措施推行新的礼仪，并且得到了沙皇的支持，这破坏了俄国旧的礼仪传统，伤害了那些忠于旧礼仪传统的俄国人的感情，引起了广大神职人员和教徒的强烈反抗，点燃了教会分裂的导火线。

第三节　教会外部的西欧化倾向

建立"第三罗马"帝国的梦想在 17 世纪后期遇到了实现它的合适土壤，沙皇阿列克谢·米哈伊洛维奇开始积极地实现这一梦想，他不仅在宗教方面进行礼仪改革，在军事和经济等各方面也开始学习西方。

"到 17 世纪，俄国在政治上是沙皇专制制度，在经济上是封建农奴制度，国家的面貌总的说是野蛮落后。从当时人的（科托希欣和克里扎尼奇的）作品中，我们可以得知，17 世纪俄罗斯人的生活暗淡而封闭。与西方相比，俄国的物资贫乏、生活简陋，毫无优雅可言。人们长袖、大胡、蓄发、住小木屋，仿佛森林中人。贵族缺乏知识、不识字、盲目自大，整个社会没有朝气，肮脏懒惰。那个时代的俄罗斯人过着半野蛮的简单的生活，不工于计算，几乎没有教育和商业。最突出的是，国家的统治和君主的权力是无限的。这时，西方已经开始了最初的工业文明，工场手工业有了先进的技术和精美的产品，俄罗斯社会约略感觉到了靠近西方的必要，特别是那些能够接触到西方的贵族有识之士。"[1] 当时俄国在政治和经济上都有一些新的举措，目的是振兴人民军队和国家经济。俄国感受到了有必要学习外来的新技术，因此国家请了很多外国人训练

---

[1]　白晓红:《俄国斯拉夫主义》，北京：商务印书馆，2006 年，第 23~24 页。

士兵，铸造枪炮，建设工厂。随着外国专家、技术人员的到来，西方的一些风尚，比如舞会、演出等开始渗透到俄国上层人士的生活中。由于外国人大批进入莫斯科，他们同本地人的交往日益增加，经常会产生诱惑和冲突，因此莫斯科统治当局下令禁止德意志人从莫斯科人那里购买房屋，禁止在莫斯科城内建造路德派教堂。1652年政府将德意志人从首都迁出去，迁到雅乌扎河（p. Яузы）右岸，那里有以前分给他们的土地，这样就兴起了新的德意志居留地。这个德意志居留地成了西欧文化在莫斯科生活中的向导。这样连同自己的工业和军事技术，他们也将西欧的舒适、生活的方便和娱乐带到了莫斯科。[①] "德国村"是西方文化进入俄罗斯的一个小小的根据地，是西方文明在俄罗斯的一个窗口，是俄国西化的最早的基地……面对干净整齐的街道、漂亮而设置完备的大屋、华丽的德意志轿式马车、音乐和舞会，俄国贵族对舒适优雅方便的外国侨民生活充满惊奇和羡慕，在宫廷和上层社会形成了一个热衷于欧洲生活方式的圈子。西方文化首先通过军事技术和奢侈品进入俄国。[②]莫斯科的上层人物开始打破旧的成见、兴趣和习惯，接受这些西方的影响。可以说，沙皇阿列克谢为彼得改革种下了种子。

俄国著名历史学家瓦·奥·克柳切夫斯基写道："西方的影响是从民族无能为力的感觉中产生的，这种感觉的由来是在战争中、在外事交往中、在商业交换中日益明显地显露出的在西欧面前我们自身物质和精神财富的贫乏，而这一切又导致对自身落后的认识。"虽然和宗教观念的关系不大，但是这些军事和技术上的外国因素逐渐渗透到了俄国人生活的各个方面。"如果德国人教他们怎样统治军人，教他们作战技能，那也就

---

① 参见瓦·奥·克柳切夫斯基著《俄国史教程》（第三卷），第267~268页。

② 白晓红：《俄国斯拉夫主义》，第26页。

开始教给他们怎样按照德国的风格穿衣，剃胡子以及接受德国人的信仰，抽烟，每周三周五喝牛奶，就会放弃自己的古老信仰。"①俄国人开始思考向西欧学习，学习他们先进的知识和技术。"沙皇阿列克谢，一位年龄不同寻常的君主，他密切注视着与路德的辩论，这场对俄罗斯和他个人如此重要的辩论的失败向他表明：俄国应该学习并且应该立刻学习。"②

西方文化的传播者在俄国出现了，这些传播者建立拉丁文学校，编纂和翻译圣书及各种教科书、百科全书等。当时俄国上层人士也开始请外国人担任家庭教师，让子女接受家庭教育。俄国历史学家克柳切夫斯基是这样描述阿列克谢的："他是同这样一代人一起长大的，起初，贫穷迫使这代人怀着关注和惶恐的心情不时地打量着异教的西方，渴望在那里找到摆脱国内困境的办法，同时又不放弃笃信宗教的古制的思想习惯和信仰……沙皇阿列克谢及其同龄人珍视东正教的古制并不亚于自己的祖辈，但是有时他们却相信，可以穿着德意志的长袍，甚至可以看看外国的开心取乐的事，看看'戏剧演出'……"③

阿列克谢·米哈伊洛维奇是在大贵族莫洛佐夫的教育下成长起来的。莫洛佐夫是俄国最成功的工业主、最富有的雇主之一，在他去世之前，每年的收入超过 10 万卢布。他让沙皇熟悉了欧洲的生活，甚至给沙皇缝制了德式的衣服，让沙皇了解到经济和技术进步的重要性，使其热爱并且学会工作和学习，尊重和重视专家和有技能的人，包括外国人。④阿列克谢·米

---

① 〔俄〕瓦·奥·克柳切夫斯基：《俄国史教程》（第三卷），第 257 页。

② Крамер А.В. Раскол русской церкви в середине XVII века, СПб.: Алетейя, 2014. С.13.

③ 〔俄〕瓦·奥·克柳切夫斯基：《俄国史教程》（第三卷），第 274 页。

④ Крамер А.В. Раскол русской церкви в середине XVII века, СПб.: Алетейя, 2014. С.13.

哈伊洛维奇在位时期，俄国社会生活中出现了不少新时尚，外国的影响不断增强。在上层社会生活中，欧洲风尚开始流行起来。"现在，沙皇和大贵族在莫斯科仿效外国式样，开始穿着丝绒服装，坐在漂亮的德意志轿式马车里，车子装有描绘图画的水晶玻璃……莫斯科驻外大使受命在国外招徕最熟练的号手为沙皇服务，这些人应证明能为舞会吹奏高音小号。宫廷的高层圈子对'喜剧表演'——'戏剧表演'的兴趣日益剧增。"① 可以说沙皇阿列克谢·米哈伊洛维奇是俄国改革的先驱，为彼得大帝的改革打下了良好的基础。

俄国历史学家写道："十七世纪俄国教会发生的分裂是俄国社会在西方文化影响下这一道德分裂在宗教上的反映。"②

长时间的战争使得很多西罗斯人来到莫斯科公国，他们停留在莫斯科和许多大城市中，成了西方技能和文化风尚的传播者。这些白俄罗斯人和乌克兰人就居住在俄国人中间，他们也是东正教教徒，没有像那些来自西欧天主教国家的外国人那样必须居住在单独的地方，因此他们可以和俄国人经常会面交流，对俄国人产生了很大的影响。当时居住在莫斯科的某些希腊修士也对莫斯科产生了这种西方化的影响，例如阿尔谢尼（Арсений）、帕伊西·利加利特（Паисий Лигарид）、修士大司祭狄奥尼西等，他们中的大多数人是在西方接受的教育，因此更准确地说他们是西方意大利拉丁文化的代表，而不是希腊东正教文化的代表。

白俄罗斯修士波洛茨基（Семеон Полоцкий，1629~1680）对俄国文学体裁和思想产生了很大影响。他是在基辅和波兰的文化教育下成长起来的，受邀来到俄国担任沙皇孩子的

---

① 李英男、戴桂菊：《俄罗斯历史》，第268~269页。

② 〔俄〕瓦·奥·克柳切夫斯基：《俄国史教程》（第三卷），第362页。

老师，教授拉丁文。波洛茨基对宫廷和沙皇的家庭影响很大，他将西方君主专制的思想，以及君王之统治高于教会的思想传播给他们。这时候莫斯科生活开始欧化，"西方走近了莫斯科，旧的日常生活习惯在莫斯科上层社会中开始枯萎。这些变化触及了贵族阶级和宫廷，甚至主教阶层"①。尼康辞任后的八年里，俄国教会没有牧首，这期间教会实际上处于沙皇和其身边人的控制下。此时的沙皇看到了他们都用新礼仪，认识到自己的落后，也想改革，因此沙皇并没有否定尼康的改革事业，而是继续推行这场宗教礼仪的改革。

与波兰、立陶宛和白俄罗斯的战争使得俄国军官们了解到了西方的生活，他们想要改变自己的生活方式，实现西方化。在潮流、衣服和装饰方面，波兰的影响与日俱增。沙皇和到过西方的贵族成了这些西方风尚的庇护者，他们对在波兰远征期间看到的奢华和舒适评价很高。17 世纪 50 年代末，许多西罗斯和波兰的艺术家在莫斯科的沙皇宫廷里工作。许多大地主家里出现了西方绘画、来自波兰和德国的仆人，甚至沙皇非常亲近的亲戚都让自己的仆人穿上波兰和德国的衣服。1654~1657 年沙皇的宫廷中有西方风格的家具，阿列克谢·米哈伊洛维奇的宝座上写的不是斯拉夫语或者希腊语的题词，而是拉丁语的题词。阿列克谢执政末期宫廷里的风格更容易使人联想到后来彼得大帝时的建筑群，而不是古代莫斯科的风格。这时候在变容夏宫里面甚至有剧院，德国人在这里表演了第一批俄国剧作家创作的戏剧。

综上所述，政治和军事上的西欧化导致很多平信徒，尤其是大地主和贵族们对俄国传统的教会礼仪失去了兴趣，他们看到了西方先进的生活，一心追求西方的各种生活方式，很容易

---

① Зеньковский С.А. Русское Старообрядчество. С.200.

抛弃本国古代的传统和习俗。这巩固了尼康的改革成果，使得教会分裂的事实难以逆转。

17世纪俄国教会分裂不仅仅是因为尼康改变了一些礼拜仪式、修订了礼拜经书，它还有着更深层次的历史文化原因。从教会内部而言，这次分裂是低级神职人员和高级神职人员之间积累已久的矛盾的爆发，也是尼康受狂热的神权政治理想驱动，在教会中积极推行拜占庭化的结果。从教会外部来说，沙皇的"第三罗马"帝国梦想及其积极推行的西欧化政策，促成和巩固了教会分裂的事实，使得俄国东正教会的分裂难以愈合。正是在教会内外各种因素的共同作用下，统一的俄国东正教会分裂成了改革派和旧礼仪派。教会分裂后，旧礼仪派信徒为了捍卫纯洁的东正教信仰，保护俄国正统的东正教礼仪，反对以尼康为首的教会高级神职人员的特权，与官方教会以及专制政权展开了持久的斗争。许多坚持旧礼仪的信徒受到了统治阶层的残酷处罚和迫害，但是他们没有屈服于教会和沙皇的专制与权威。这场始于17世纪的斗争给旧礼仪信徒带来了巨大的灾难。他们被驱逐、迫害，为了保存自己的礼仪，不惜移民到边远地区，甚至国外。直到今天，17世纪的分裂已经过去300多年，这些旧信仰的坚持者依旧顽强地坚守着自己的礼仪，按照他们祖先的方式进行礼拜活动。

那么这场分裂运动的过程是怎样的，在分裂过程中教会和国家中的哪些人起到了关键性的作用，旧礼仪派又是怎样抗争的呢？

第二章 教会分裂过程

1645年，罗曼诺夫王朝第一位沙皇米哈伊尔去世，他16岁的独生子阿列克谢继任沙皇。阿列克谢是在俄罗斯宗教传统中长大成人的，是一位虔诚且博识的教徒，终其一生严守斋戒和其他教会仪规。同时，他对西方和包括建筑、戏剧在内的西方文化也逐渐产生了兴趣。阿列克谢从1645年到1676年的长期统治一点都不平静，常常是旧波未平，新波又起。[①] 俄罗斯教会史上最大的分裂运动就发生在阿列克谢统治期间。

1652年，尼康登上了莫斯科和全俄东正教会牧首的宝座。从这时开始，尼康不顾教会和世俗守旧势力的反对，着手进行旨在统一经书和仪式的改革。1654年，尼康召开宗教会议，提出了按照希腊文原本重新翻译所有宗教经书、制定统一的宗教仪式的建议。该提议在沙皇的支持下获得通过。这次改革主要有以下几方面：（1）按照希腊正教原版经书，修正了俄国东正教经文，统一了东正教祈祷词；（2）统一了俄国各种东正教仪式，教徒画十字的方式不许用两个手指，而是同希腊教徒一样，必须用三个手指；（3）圣像要仿照希腊正教样式来描绘，而不能仿照其他样式；（4）环绕教堂的礼仪行列不是自东向西，而是要自西向东行进；（5）把祈祷时的跪拜改为鞠躬礼；（6）十字架可以是八个角和六个角的，也可以是四个角的；（7）对耶稣基督的赞美诗（哈利路亚）要唱三遍，而不是两遍；（8）在举行侍奉圣礼（Литургия）时要用5块圣饼，而不是7块；（9）拼写耶稣的名字时用Иисус代替Исус。

俄国整个宗教礼仪都被改造了。一些坚持俄国古老信仰的

---

① 〔美〕尼古拉·梁赞诺夫斯基、马克·斯坦伯格：《俄罗斯史》，第173页。

旧礼仪派的十字架一般为八角十字架，相比于俄罗斯官方教会的四角十字架，八角十字架多了两杠，且下方的杠是倾斜的。图片来源：© Vilensija；https://rutvet.ru/node/9093。

圣像十字架装饰较为特殊，往往是家庭代代相传的宝贵遗物。通常体积较大，悬挂在家门口、道路交汇处或通向居民点的路口。图片来源：https://nlo-mir.ru/religia/staroobrjadcy.html。

神职人员和世俗保守势力强烈反对尼康的改革。尼科利斯基指出，堂区教士把维护旧信仰放在斗争的首位。他们主要是通过给沙皇递交呈文进行斗争的。他认为，这些呈文中充满了真诚和深刻的信念，而且不时地显示其作者的渊博知识，虽然这是约瑟夫·沃洛茨基及其学派的那种渊博知识，但它毕竟为当时的社会所敬仰。呈文的作者们捍卫"原先的基督教信仰"，并宣布尼康分子的新花样乃是一种"陌生的新信仰"。对他们来说，原先的信仰正在于了解敬奉上帝的正确方式；古代的手抄本礼仪书（索洛维茨基的修道士们将它们视为最重要的圣物而引以为自豪）记录着这些正确方式。佐西玛和萨瓦季由于恪守这些正确方式才有了令上帝满意的一生，并向世人进行了一些"著名的显圣"。索洛维茨基的手抄本礼仪书记叙的就是这些显圣者的"故事"，就是那种修道士们展示得救之路的宗教礼仪和章法。莫斯科的宗教传统起源于莫斯科的显圣者，表现在"斋戒、祈祷和跪拜以及眼含热泪敬奉上帝"方面；"他们的律法（他们就是以这种律法来敬奉上帝的）"赋予他们显圣和驱逐鬼怪的能力。主要的"律法"有：两个手指画十字，就像圣像中的耶稣和圣徒们"自我表示"的那样；三合十字架有8个角，据说是按照耶稣受难时的十字架样子构造的，由所罗门用甲柏木、冷杉和雪松三种木料做成，暗示着耶稣的三日死亡和不可思议的三位一体，并标志着百章会议确定的其他一些"信条"。所有这些就其力量而言都是很重要的，特别是一些著名的惯例语和某些个别词语。从上述呈文可以看到，在尼康以前，人们将这种力量赋予耶稣（Исус）这个名字——这是"他的拯救者名字，系神圣的天使以上帝的名义所起"；新书将这一名字改写为"Иисус"，乃是极大的亵渎和鲁莽行为。尼康所依据的希腊文和斯拉夫文的宗教礼仪书是在罗马、威尼斯和巴黎出版的，带有天主教和路德派信徒塞进的可怕的"异端霉素"。这里的"异端"不是指祈祷文经过重新翻译，而是指按天主教的方式画十字、唱三遍哈利路亚、画三次十字等，是指整个宗教礼仪的改变。阿瓦库姆宣称："此等新书乃集亘古以来一切异端分子邪说之大成。"但是在对这种辩护进行答复时，沙皇、尼康和各东正教会的牧首都首先指出了用作修订标准的希腊教会传统的权威性、古老性和纯洁性，完全没有对辩护者们的"谬论"、他们关于宗教信仰的"曲解"进行说明和揭露。

尼科利斯基指出，呈文在与沙皇、尼康和主教团的联合力量进行的斗争中，是一种过于软弱的武器。[1]1656年召开的宗教会议上，两指画十字者被视为异教徒而受到诅咒。这次会议与以往会议一样，几乎完全由主教组成，只有少数主持司祭和修士大司祭参加。尼康获得了胜利，反对派重要领导者被流放和革出教门，阿瓦库姆被流放到西伯利亚。

1658年尼康辞去牧首一职，不再关心教会事务，也对两个手指画十字还是三个手指画十字失去了兴趣。但沙皇为了维持教会与国家的稳定，提升世俗权力的地位，加强专制制度，继续支持尼康新举措。旧礼仪派为了坚守俄国古老的礼仪，为了证明俄国的礼仪才是正统的，与尼康和沙皇政府作了多年的斗争。

17世纪旧礼仪派为信仰进行的抗争主要分为两个阶段。

第一个阶段（1652~1658年）是"爱上帝"小组与尼康的斗争。这个时期尼康掌管着俄国东正教会的一切事务，并且与沙皇的关系非常好，深得沙皇信任。在这个阶段，尼康建立全人类东正教帝国的理想与沙皇的政治理想一致。当时来到莫斯科的希腊神甫指出俄国的礼仪与希腊不同，尼康担心礼仪的不

---

[1]　〔苏〕尼·米·尼科利斯基：《俄国教会史》，第152页。

同会妨碍其建立东正教帝国理想的实现，因此着手进行礼仪的改革。他下令修改东正教礼仪经书，将人们已经习惯的两指画十字改为三指画十字，这引起了一直致力于恢复俄国古代教会传统的"爱上帝"小组和广大信徒的极力反抗。为了维护俄国古代的礼仪和传统，以"爱上帝"小组为代表的想保留俄国旧礼仪的信徒与尼康展开了激烈的斗争。

第二个阶段是（1658~1667 年）旧信仰捍卫者与沙皇的斗争。尼康权力欲望极强，他想将神权凌驾于政权之上，建立东正教帝国，而他自己是统治者，这触及了沙皇的底线。1656 年以后尼康和沙皇的关系开始恶化，他们之间的冲突越来越严重，沙皇开始加强对国内事务的参与和管理。1658 年尼康在宗教会议上当众宣布辞去牧首圣职，使教区处于"群龙无首"的局面。但是改革的步伐已经开始，沙皇没有因为尼康的离任而中断改革，为了巩固自己的专制权力，他仍旧继续支持尼康的新举措，因此 1658 年以后，旧礼仪派为信仰的斗争进入了与沙皇对抗的阶段。尼康离任后的八年里，由于担心新的牧首不支持尼康的改革，沙皇一直没有召开宗教会议，这一阶段旧信仰者仍对沙皇抱有希望，积极上书沙皇，希望能够使国家和教会回归旧礼仪。1666~1667 年，旧信仰者期盼已久的宗教会议召开了，但是这次会议是沙皇为确定继续新的礼仪和巩固自己对教会的控制而召开的，为了达到自己的目的，沙皇还邀请不了解俄国国情的东部教会的牧首帮助解决俄国教会的内部事务，这更加降低了俄国重回旧礼仪的可能性。这次大会对尼康作了处理，确立了政权高于神权的原则，处置了那些仍旧坚持旧信仰的领袖人物，将他们革出教门，流放到边远地区，自此旧礼仪派从正统教会分裂出去，成了分裂派。

1666~1667 年的宗教会议解决了沙皇和尼康之间的争论，选出了新牧首，表面上取得了成功。但是这次会议没有恢复俄国教会的统一，宗教会议将旧信仰支持者绝罚出教会，他们已经不是教会的一部分，而是成了教会的异己分子。

第一节 尼康的礼仪改革

尼康凭借自己的才能和勇气深受沙皇阿列克谢·米哈伊洛维奇赏识。尼康是个野心勃勃的人，一心想实现东正教帝国的梦想，让莫斯科成为东正教世界的中心，而他本人是领导者。1652年尼康坐上了莫斯科和全俄东正教会牧首的宝座。当时，尼康让教会向他作出承诺："既然要他当教会牧首，就得听命于他，犹如听命于上司、神甫、慈父一样。"①这一阶段沙皇和尼康的关系很友好，沙皇承认自己"挚友"的权威，尼康的权力甚至高于沙皇的权力；而且当时沙皇忙于和波兰的战争，经常不在莫斯科，尼康实际是教会和国家的统治者，因此旧礼仪派主要与以尼康为首的官方教会作斗争。

尼康掌权后，继续着手解决俄国宗教仪式的核心问题，就像以前他和"爱上帝"小组合作那样。在17世纪40年代，他的想法与涅罗诺夫、沃尼法季耶夫的一样，希望复兴俄国传统的礼拜仪式，消除多声礼仪的弊端；而当上牧首后，他却想按照希腊的形式改变俄国的礼仪传统，这与"爱上帝"小组回归俄国古代教会传统的初衷背道而驰。

1649年，耶路撒冷牧首帕伊西（Паисий）到访俄国后，发现俄国的礼仪与希腊有很多不同，他和尼康都认为是俄国偏离了正统。尼康受帕伊西的影响，认为这些经文和礼仪的不同是俄国人曲解礼拜经书造成的。1652年和1653年，他越来越担心俄国礼拜经文、仪式和希腊规定的不同会阻碍其建立东

---

① 戴桂菊：《沙俄时代的东正教》，见乐峰主编《俄国宗教史》（上卷），第101页。

正教帝国理想的实现。以莫斯科为中心的东正教帝国的梦想使得尼康认为修改章程经文的问题不仅仅是俄国的事业，并且是全人类的事业。莫斯科不能带着章程中的错误成为全东正教之首。当然，无论是尼康，还是帕伊西或者其他人，都没有想到这些差异是希腊人自身经文的改变引起的，并不是俄国人翻译经书时犯了错误。

事实上，从佛罗伦萨会议开始，很多俄国人对希腊东正教的纯洁性就产生了怀疑。1439 年在意大利中部城市佛罗伦萨召开了宗教会议，这次会议旨在解决东正教会和西方教会的分歧，讨论两教教会的合并，确立教宗的首席地位。当时，由君士坦丁堡教区牧首委派的莫斯科都主教伊西多尔（希腊人）也参加了会议，他背着莫斯科大公瓦西里·瓦西里耶维奇和莫斯科教会其他主教，以莫斯科教会的名义签署了两教教会合并的协议。但是，当他回到莫斯科向大公陈述东正教会和天主教会合一、东正教承认罗马教宗为具有全权地位的"基督在世代表"时，大公极为愤慨，严厉斥责他是"拉丁教会的魔鬼"，声称同西方教会和好、恢复关系是背离正统教义的行为，必须保持正教的纯洁，决不能被拉丁教异端所玷污。大公随即下令把出席会议的伊西多尔都主教撤职，逮捕入狱，监禁在修道院的牢房里。1448 年，在莫斯科召开了地方各主教会议，谴责了佛罗伦萨宗教会议的协议，正式解除了伊西多尔由君士坦丁堡教区牧首公署任命的都主教圣职，提出必须由俄罗斯人担任都主教，并给都主教冠以"莫斯科和全俄都主教"的称号。从此莫斯科教会摆脱了对拜占庭君士坦丁堡教区牧首公署的依附。① 俄国自此没有了希腊人担任的都主教，所以希腊礼仪的改变没有影响到俄国礼仪的改变。

---

① 乐峰主编《俄国宗教史》（上卷），第 94 页。

事实上，在罗斯从拜占庭接受基督教的那些年间，拜占庭实行两种礼仪章程：拜占庭东部流行的是由圣撒巴制定的耶路撒冷礼仪章程（Иерусалимский устав），而在拜占庭西部占主导地位的则是斯图底礼仪章程（Студийский устав），或叫作君士坦丁堡礼仪章程。公元988年罗斯受洗时从拜占庭接受的是后一种礼仪章程，因此，君士坦丁堡礼仪章程就成为俄罗斯教会礼仪的基础。然而，到了12~13世纪，拜占庭东正教会的礼仪自身发生了改变，普遍采用了耶路撒冷礼仪章程，由于当时俄罗斯教会还属于君士坦丁堡牧首区，因此也应当随之改变，在14世纪末和15世纪初，两位莫斯科都主教福吉（Фотий，希腊人）和基普里安（Киприан，希腊学派的保加利亚人）也开始在俄罗斯教会实行耶路撒冷礼仪章程，但他们没来得及完成这一礼仪改革。"因此，在俄罗斯礼仪章程中保留了许多古代礼仪成分，这些来自斯图底礼仪章程的成分比14、15世纪希腊人所使用的礼仪章程具有更多古老的早期拜占庭礼仪特点……但遗憾的是，章程改变的历史无论在希腊教会还是在俄罗斯教会，都被遗忘了，并且，忘记斯图底礼仪章程的希腊人还认为俄罗斯章程的古老特点是俄罗斯教会新的设置。"[1]

为了解决引起俄国不安的有关俄国礼仪正确与否的问题，俄国派懂希腊语的学者苏哈诺夫到阿陀斯山求证到底希腊的礼仪正确还是俄国的正确。阿陀斯山上的修士和帕伊西一样忘记了在8世纪他们将画十字的方式改成了用三个手指。希腊人不知道俄国礼仪的历史起源，就说俄国的礼仪不正确，因为他们认为，既然俄国是从希腊人那里接受的基督教，他们就应该永远以他们为例子，不偏离希腊的习俗。苏哈诺夫

---

[1]　Зеньковский С.А. Русское Старообрядчество. С.148.

坚决捍卫俄国的东正教传统，坚称俄国的礼仪是更古老和传统的，而希腊在佛罗伦萨会议后改变了自己的传统；并且他以《往年纪事》和《启蒙者》为依据，强调俄国不是从希腊人，而是从使徒安德烈那里直接接受了基督教。当然，所有俄国人重视希腊教会，他们认为希腊教会给他们带来了基督教。但是这不是对 17 世纪希腊人的尊重，而是对古代伟大的拜占庭教会和希腊教会神甫的尊重。因此 1650 年，苏哈诺夫带到莫斯科有关希腊人在阿陀斯山烧毁俄国礼拜书籍的信息，以及自己与希腊人的争论，引起了俄国教会界的不安。[①] 革新者开始思考审查经书的必要性，保守者和希腊人不可调和的矛盾加剧了。但是很遗憾，无论是革新者还是保守派都没有考虑问题的根源，就像希腊人对礼仪章程的历史溯源很模糊一样。

苏哈诺夫回到莫斯科以后，又被派往东部教会搜集旧经文和学习礼仪。他走过巴尔干半岛、叙利亚和埃及，来到君士坦丁堡，在 1653 年 6 月 7 日才回到莫斯科，当时尼康和他以前的朋友——"爱上帝"小组之间的冲突已经白热化。苏哈诺夫从圣山运来了将近 500 本希腊手稿，其中一本福音书当时被认为已经有 1050 年的历史，另一本有 650 年的历史。同时，亚历山大里亚、安提阿和塞尔维亚的牧首，以及许多东方都主教和大主教，由于莫斯科写来了请求的信件，也运来了 200 多种不同的古代书籍。[②]

但是苏哈诺夫运来的许多旧经书后来没有被用到，因为它们属于礼仪发展的不同时期，经常有相互矛盾的地方。但是有

---

① Макарий (Булгаков). Патриарх Никон в деле исправления церковных книг и обрядов. Москва: тип. М.Н. Лаврова и К. С.12.

② Макарий (Булгаков). История русского раскола, известного под именем старообрядчества, С-Петербург , Третие издание, 1889, С. 166.

关希腊教会的道德状况、帕伊西杀害君士坦丁堡牧首帕尔费尼（Парфений）、罗德岛都主教转向伊斯兰教，以及四个普世牧首同时竞争君士坦丁堡圣座的消息更加损害了俄国人眼中希腊人的威望。①

当时莫斯科出现了一些希腊经书的新译者，他们的出现巩固了支持修订礼仪者的态度。基辅人是在按希腊形式修订的南罗斯礼拜书籍的陪伴下成长起来的，他们习惯了将普世牧首当成自己教会的领导。叶皮凡尼·斯拉维涅斯基（Епифаний Славинецкий）是这些新译者的主要代表人物，他是一位诚实且有能力的学术修士，尼康认为他的声音是权威的、公正的。对斯拉维涅斯基而言，"改正"经书的问题是纯技术层面的，并且他也不习惯莫斯科的礼仪，他完全不觉得修订经书这件事很可怕。因此，确信了俄国经书无论从实践方面还是从神学方面都应该被修订以后，尼康找到了斯拉维涅斯基作为其忠诚的实施者。与斯拉维涅斯基相反，印书院一些老修订者认为修改经书是很可怕的，会给已经习惯了旧经书的俄国带来严重后果。但是在 1652 年夏末，涅罗诺夫和沃尼法季耶夫的忠实朋友，Ш.马尔捷米亚诺夫（Ш.Мартемьянов）去世了，他的死削弱了印书院的传统力量。印书院的老成员被替换成了改革派的人员，比如斯拉维涅斯基的朋友叶夫菲米（Евфимий）、修士马特维（Матвей），以及尼康新救主修道院的老朋友阿尔谢尼·格列克。

尼康掌权以后，就着手处理一直萦绕在他脑海中的修订俄国礼仪的问题。他委托斯拉维涅斯基翻译 1593 年君士坦丁堡宗教会议的决议，在这次会议上几位东部教会牧首同意设立莫斯科牧首区。这些决议指明，协议是在俄国教会遵守东正教

---

① Зеньковский С.А. Русское Старообрядчество. С.167.

所有教条的情况下制定的。尼康将此表述理解为，对俄国教会而言，不仅在所有问题上，而且在所有礼仪的细节方面必须与希腊一致。他决定快速、坚定地采取行动，不再与任何人商议。他召回修士大司祭阿尔谢尼·格列克 ① 帮助斯拉维涅斯基。

尼康要求修道院和教会提供古老的礼拜经文，他想参考这些古老经文校对俄国现行的礼拜书籍。一个叫佐西玛（Зосима）的修士和阿尔谢尼·格列克一起被派往修道院图书馆和各级主教书房搜集这种经文。古老资料的搜集工作取得了很丰硕的成果，很快大约有 2700 种旧祈祷书、章程、诗篇、福音书等祈祷书籍和教会书籍处于印书院的掌控之中。但是这些有价值的材料和苏哈诺夫后来带来的书，在尼康时期从未被利用。要真正校对这些文献少不了多年细致的学术工作，并且很可能也不会达到想要的结果。虽然这些书反映了俄国基督教历史上章程的变化，但是没能够给修订者提供最终的文本。并且尼康在位时这些文本也没有被印书院利用。对古斯拉夫文献和古希腊文献的研究可能会向尼康解释他对俄国文本的疑惑，但是他没有继续研究它们，而是命令直接照搬 16 世纪末、17 世纪初威尼斯出版的当代希腊经书进行修订。②

1652 年 10 月 9 日，在阿尔谢尼·格列克寻找旧书回来之前，以及在得到苏哈诺夫的资料之前，新版的礼拜诗篇就开始印刷了。与以前俄国出版的诗篇相比，新版本中引入了很多变化。

书中特别忽略了画十字时手指的细节，以及复活节时读

---

① 1649 年阿尔谢尼·格列克由于多次背叛东正教，在牧首帕伊西的通报下被流放到索洛维茨基群岛。

② 参见 Зеньковский С.А. Русское Старообрядчество. С.167–168。

叙利亚的以法莲的祈祷文时对鞠躬的说明。因为印书院的老工作者反对尼康、阿尔谢尼·格列克和斯拉维涅斯基的新举措，尼康开除了莫斯科印书院的两位老工作者——伊万·纳谢德卡（Иван Наседка）和西拉·格里戈里耶夫（Сила Григорьев）。

1653 年出版的礼拜诗篇中删除了画十字时关于手指的内容，以及读叙利亚的以法莲的祈祷文时鞠躬的内容，这使得"爱上帝"小组的成员感到震惊，特别是生活在莫斯科的涅罗诺夫和阿瓦库姆。此时阿瓦库姆已经在莫斯科担任涅罗诺夫的助手，对教会甚至莫斯科的宫廷圈产生了很大的影响。尽管沃尼法季耶夫仍旧是沙皇的忏悔神甫，但是他在尼康当选之后就完全远离了教会事务。

"爱上帝"小组为了规范礼仪和实行单声诵读进行了多年的斗争，他们斗争的目的是确立古俄国的条例、古罗斯的礼拜仪式，因此尼康的改革使这些为复兴俄国教会而战的斗士担心。他们在 1652 年秋天已经知道了尼康从印书院逮捕纳谢德卡和格里戈里耶夫的原因，以及为何任命像阿尔谢尼·格列克这样的投机分子；但是因为宗教会议上他们对尼康作出了许诺（教会中的一切事务都将听从尼康），他们不清楚牧首具体想要做什么，当然也不知道他们面临的是什么。诗篇出版两周之后，尼康公开了自己的企图。

在 1653 年大斋期前的一周，即 2 月 20 日~27 日，尼康把一份"备忘录"分别寄到莫斯科的各堂区。尼康既没有咨询宗教会议，也没有和教会中重要的活动家商议，就出人意料地擅自在一份"备忘录"中修改了礼拜仪式。

在备忘录中，尼康没有解释动机和原因就作出如下规定：（1）用三指画十字，就像这时候的希腊人一样，而不是两指画十字；（2）读叙利亚的以法莲的祈祷文时像希腊人那样跪拜 4

次，鞠躬 12 次，而不是俄国人习惯的那样跪拜 16 次。[①]

尽管阿瓦库姆在自己的传记中只提到了作为喀山圣母教堂神职人员首领的涅罗诺夫收到的那份"备忘录"，但显然这个指令不是只发给一个教会的，而是传达给莫斯科许多教会的。

正如历史学家 C.A.津科夫斯基所言，尼康自己未必已经考虑清楚了一系列新举措中的第一步。他也没考虑清楚，将俄国几百年的两指画十字的习惯改变成三指画十字会在教会和民众中间引起多大的不安。俄国从接受基督教开始就是两指画十字，在 16 世纪初俄国开始推广新的希腊式画十字的方法，但是在 1551 年的百章会议上受到了谴责。现在尼康却决定凭借自己的命令，并且在宗教敏感时刻的大斋期前夜，取消古俄国和古希腊画十字的方式，代之以新希腊的形式。"爱上帝"小组对命令本身、它的形式，以及尼康为了讨好希腊红人而对俄国传统表现出的轻视感到很震惊。

涅罗诺夫、阿瓦库姆和其他在莫斯科的"爱上帝"小组成员聚集到一起开会，讨论应怎样看待牧首"备忘录"的问题。阿瓦库姆后来回忆了被牧首命令震惊的"爱上帝"小组成员的状态："心被冻住，脚开始颤抖。"[②] 他们很长时间都没有下定决心反对这位 9 个月之前当选的新牧首，即他们以前的朋友；沙皇和教会都曾经许诺在教会事务上绝对听从于他。

"爱上帝"小组经过长时间的讨论和动摇作出了这样的决定，即涅罗诺夫出发前往丘多夫修道院（Чудов монастырь），在那里他会通过祈祷和观想寻找解决方案。在"爱上帝"小组和尼康发生冲突的最初日子里，阿瓦库姆

---

① 参见 Крамер.А.В. Раскол русской церкви в середине XVII века. Санктпетербург: Изд. Алетейя. 2014: C.119–120。

② Зеньковский С.А. Русское Старообрядчество. C.170.

成了涅罗诺夫的得力助手。在离开自己原来的修道院期间，涅罗诺夫把自己的堂区交给大司祭阿瓦库姆管理。在丘多夫修道院经过严酷的斋戒和祈祷，以及在天成救主像（Спас Нерукотворный）前的祷告，涅罗诺夫听到一个声音，这声音似乎来自圣像："约翰，要敢作敢为，面对死亡也不要害怕。"[①]

这个呼吁捍卫信仰和两指画十字的声音消除了涅罗诺夫的一切怀疑。回到自己的修道院后，他把这个现象讲给了阿瓦库姆、主教保罗·科洛缅斯基（Павел Коломенский）和其他"爱上帝"小组成员听。他们决定上书沙皇，递交抗议牧首行为的呈文。请愿书的文本是由阿瓦库姆和大司祭丹尼尔·科斯特罗姆斯基（Даниил Костромский）编写的，后者来到莫斯科就为了和其他"爱上帝"小组成员商议这个事情。抗议的内容非常尖锐，"爱上帝"小组成员写道，"基督教纯洁的教义也可能会在罗斯消失，教会的领袖尼康偏离了东正教的约"。[②]

沙皇将请愿书转交给了牧首尼康，他坚持让牧首暂缓他的新举措。尼康这次同意了，但是他坚持在生活中继续推行"备忘录"，俄国教会重又恢复了和平。

如果在推行新举措之前尼康先征得教会的同意，或者在宗教会议上进行讨论，然后强制实施，那么"爱上帝"小组或许只能服从。但是尼康抱持个人解决仪式问题的态度，使得自己的措施和行为毫无根据。此时，牧首本人和"爱上帝"小组之间的关系也发生了很大的变化。尽管正如上文指出的那样，尼康在很多方面继续了"爱上帝"小组的纲领，但是他是独自进

---

① Макарий (Булгаков). Патриарх Никон в деле исправления церковных книг и обрядов. Москва: тип. М.Н. Лаврова и К. С.15.

② Зеньковский С.А. Русское Старообрядчество. С.170.

行的，甚至没有考虑到"爱上帝"小组本身的存在，忘了自己与他们的友谊和为了教会的共同工作。

第二节 "爱上帝"小组与尼康的斗争

尼康对待"爱上帝"小组态度的转变发生在涅罗诺夫和沃尼法季耶夫与牧首约瑟夫的冲突之后。尼康清楚地知道是"爱上帝"小组剥夺了他上一任的权力，他自己也参与到与牧首约瑟夫的斗争中，目睹了1650年和1652年间牧首处境的沉重和痛苦，他自然不想再陷入那样的状况。因此他努力摆脱自己以前朋友的建议和合作，开始采取反对他们的措施，努力降低甚至消灭他们的影响。

在尼康继任之前的这几年间，"爱上帝"小组的声音响亮地在俄国教会传开，沙皇要求牧首约瑟夫重视他们，接受他们整顿俄国东正教会的纲领，"爱上帝"小组已经习惯于不再惧怕主教团的愤怒和威胁了。然而现在，尼康从教会得到独裁的权力之后，就撤销了"爱上帝"小组对教会的一切影响。他不再和"爱上帝"小组商议行事，开始推行自己个人对教会的领导，以此取代对教会的"集体领导"。在和"爱上帝"小组斗争的过程中，尼康在高级神职人员和官僚阶层中找到了支持力量。

尼康与"爱上帝"小组的斗争开始了。他吸取了第一次改革尝试失败的经验教训，迈出了新的改革步伐，将争论从原则立场变为纪律立场。涅罗诺夫与尼康发生正式冲突的导火线是大司祭洛金·穆罗母斯基（Логгин Муромский）事件。

当时这位有名的"爱上帝"小组成员洛金神甫因为揭露部队长官妻子的不道德的行为而陷入和部队长官的冲突。尼康站到部队长官一边，建立了世俗和神职官僚体系的统一前线对抗"暴乱分子"——大司祭，命令逮捕洛金。在1653年7月召开的莫斯科神职人员宗教会议上，涅罗诺夫在牧首面前发表了支持洛金的言论。这位"爱上帝"小组老成员的发言马上演变成了和尼康的激烈争论。作为报复,牧首凭借沙皇的意见和权威流放涅罗诺夫。涅罗诺夫决定向沙皇上诉。但是曾允诺向涅罗诺夫提供帮助的罗斯托夫都主教约纳(Иона)和其他著名的教会活动家由于畏惧牧首尼康,拒绝当见证者,因此尼康指控涅罗诺夫破坏了纪律并毫无根据地对牧首作出了控告。

  这是尼康和涅罗诺夫之间第一次公开的冲突。尼康尖锐地指控涅罗诺夫在呈交给沙皇的控告书中污蔑他和歪曲他的话。尼康和涅罗诺夫开始了不愉快的争论,在争论中涅罗诺夫指责牧首不再重视沃尼法季耶夫和其他"爱上帝"小组成员,不召集他们参加部分会议,并且迫害他们。他说,牧首管理处的阴谋家鼓动尼康对抗"爱上帝"小组,尽力侮辱他们。涅罗诺夫然后继续指责牧首本人对"爱上帝"小组成员的迫害:"斯特凡(Стефан)司祭成为你的敌人了吗?你到处亵渎他、责备他,将大司祭和神甫与他们的妻儿分开。一直以来你都是我们的朋友,但是现在你却与我们对抗。你使他们中的一部分人败落,而另一部分人被安置在其他的地方,你没有听见他们的善意。你指责别人折磨人,而你自己却不加区别地折磨人:在星期日你吩咐揍索洛维茨基的长老一顿……爱上帝的人不害怕赤贫,不惧怕悲痛和死亡,他们为真理而斗争,顽强地斗争,现在由于你,'爱上帝'小组却忍受着悲痛、不幸和没落。"尼康进行了激烈的回击,他指责涅罗诺夫是个骗子。[①]他又召开了谴责涅罗诺夫之控告的会议。在这次斗争中,尼康吸取了上次教训,不再以个人名义与"爱上帝"小组斗争。在宗教会议上他以涅罗诺夫和他堂区的冲突为由谴责了这位"爱上帝"小组

---

① 参见 Макарий (Булгаков). Патриарх Никон в деле исправления церковных книг и обрядов. Москва: тип. М.Н. Лаврова и К. С.21—25。

的创立者和领袖。尼康害怕在众多白神品面前揭开大司祭和牧首权力之间冲突的真正缘由。

8月4日涅罗诺夫被逮捕，他被监禁在新救世主修道院（Новоспасский монастырь）。此前，1647~1649年，尼康担任该修道院的院长，并且在那里建立了他在莫斯科权力的堡垒。来到修道院几天后，涅罗诺夫在牧首院中被狠狠地打了一顿，然后被带到宗教会议上等待教会的惩罚。都主教克鲁季茨基·西尔韦斯特（Крутицкий Сильвестр）摘掉了这位大司祭的僧帽，对其处以禁止当神甫的处罚。对于这个复兴俄国礼仪传统的斗士而言，没有比这更严重的惩罚了。1653年8月13日，涅罗诺夫被发配到沃洛格达县（Вологодский）的卡缅纳奥—斯特洛夫斯基（Каменно-Островский）修道院。当涅罗诺夫被铐上镣铐，从莫斯科押送出去的时候，人们将这位受爱戴的神甫一直送到科里亚吉玛（Клязьма）河边，所有人都哭了。分别的时候，大司祭对自己的教徒讲了道，读了他最爱的金口约翰的《玛加丽塔》（Маргарита）中的片段。

涅罗诺夫被捕和被流放以后，牧首没有花费时间迫害其他的"爱上帝"小组成员。涅罗诺夫的朋友决定继续斗争。阿瓦库姆和丹尼尔立刻向沙皇递交了包含解释和反抗内容的呈文。但是尽管对牧首有新的不满，沙皇仍旧信任尼康在宗教会议上所说的话，认为尼康是唯一能够对教会负责的人，终止了对尼康本人的抱怨。

几天后，牧首利用阿瓦库姆和他喀山教堂同事之间的矛盾，逮捕了阿瓦库姆本人和33名参加礼拜的教区居民（有些资料说66名），当时由于其他神甫拒绝给他提供教堂，所以阿瓦库姆只能在棚子里做礼拜。[1]与此同时，逮捕其他"爱上

---

① 参见 Зеньковский С.А. Русское Старообрядчество. С.174。

帝"小组成员的活动也开始了，牧首这次决定要彻底铲除反对分子——大司祭们。阿瓦库姆本人被判以流放和剥夺教职的处罚。阿瓦库姆被处罚不是由于对牧首不服从，而是由于教规禁止在棚子里做礼拜。因为沙皇亲自为他求情，阿瓦库姆才在最后一刻免于被剥夺教职。

除了这些有名的"爱上帝"小组领袖，许多其他神甫和教区居民在尼康组织的迫害运动中也受到牵连。在首都，"爱上帝"小组运动的追随者生活在恐怖之中。在牧首的命令下，教会中遍布书吏寻找那些接近"爱上帝"小组或者参与其运动的人。教区居民避免进入教会，教堂的堂长也被逮捕了，他们对尼康逮捕自己神甫的行为很愤怒，甚至拒绝像平常一样捐款和支付费用。连著名的安娜·勒季谢娃（Анна Ртищева），尽管很喜欢牧首尼康，也停止帮助喀山教堂，指责他们利用阴谋对抗涅罗诺夫。

在所有著名的"爱上帝"小组成员中只有斯特凡·沃尼法季耶夫因为是沙皇的忏悔神甫而没有在迫害事件中受到牵连。当时沃尼法季耶夫还处于对反抗牧首约瑟夫事件的深深愧疚中，并且由于在 1652 年牧首会议上他对尼康作出了承诺，他认为自己无权干涉新牧首的行为。但是他和涅罗诺夫的联系没有中断，当涅罗诺夫回到莫斯科与尼康斗争时，他继续帮助了自己的朋友。

与涅罗诺夫等他以前的朋友分道扬镳以后，尼康的行为变得更加谨慎。此后的三年他集中力量推行他酝酿的俄罗斯章程与新希腊章程的一体化。1655 年 3 月 25~31 日的地方宗教会议在牧首的施压下通过了改变章程和教会习俗的提议。"爱上帝"小组被流放和被击溃之后，尼康将自己的注意力集中在设立能够促进新举措实施和新礼拜书籍出版的机构方面。1654 年初，印书院转到牧首的控制下，开始完全被尼康任命的人把控。1652 年开始的搜集古代书籍和文献的工作仍在继续，包罗了前文所述的 1653 年苏哈诺夫从东部教会带来的 500 多本书、东部教会牧首寄来的大约 200 部旧章程和礼拜书籍、阿陀斯山修道院也寄来的 50 部古代祈祷仪式书籍。还有很多珍贵的材料是其他主教和修道院寄来的。

尼康下一步重要的工作是使教会承认必须重新审查按照旧的斯拉夫材料和希腊材料编写的书籍。1654 年春天尼康召集了俄国地方大公会议（поместный русский собор）。召开宗教会议时，牧首说道，建立莫斯科牧首制之始俄国教会就保证遵循基督的训诫，遵守全世界宗教大会的规定，在教条和规定方面与希腊教会一致。然后他宣读了 1593 年君士坦丁堡宗教会议的成果，这次会议承认了莫斯科牧首制是合法的。然后尼康强调了新希腊的礼仪和俄国礼仪的差异。尽管教会决定修改礼仪，但是不得不承认俄国礼仪是建立在古希腊礼仪基础之上的。宗教会议同意了牧首的论证，只有主教保罗·科洛缅斯基（Павел Коломенский）不同意修改俄国书籍中的某些部分。参加会议的 35 人中有 29 人记录并签署了会议决议，主教保罗签了保留意见，实际上是表示不同意。这样就有七位与会者拒绝批准牧首的提议。这七个人中沃尼法季耶夫得到保全，其他五个人的命运不得而知，有关他们的消息没有保存下来，而主教保罗在会议后被捕了，他被尼康的手下毒打一顿，然后被流放到北部诺夫哥罗德地区，在那里被绞死或者被饿死了。[①] 尽管这次决议上说的是按照旧的书单对俄国章程进行对比研究，如果俄国章程与旧的典籍有不同再修改，但是尼康却对印书院下令立刻着手按照新希腊出版物修订俄国礼拜书籍。1654 年 4

---

① 参见 Карташев А.В. Очерки по истории русской Церкви (том 2). М: ТЕРРА-TERRA, 1992, С.153–154。

月 1 日新版的祈祷书开始印刷了，4 月 25 日全新的史册（《教会法律汇编》）开始印刷，它以 1574 年印刷的威尼斯版本的希腊文本为基础，尼康将新样本寄给了君士坦丁堡牧首帕伊西。

尼康的下一步措施是询问君士坦丁堡牧首俄国章程和希腊章程的差异问题，并且在询问过程中尼康还将自己的反对者置于希腊教会的敌人和叛乱者的位置。尼康此举是为了寻求君士坦丁堡牧首的支持，使得自己修改礼仪和经书的事业有理有据。询问函是由君士坦丁堡的马努伊尔（Мануил）在 1654 年 4 月从莫斯科带去的。它向君士坦丁堡牧首及大公会议提了 26[①] 个问题，并请求其尽快给出大公会议的答复，表达了准备好全部交由东方牧首们评判的态度。君士坦丁堡牧首立刻召集了大公会议。在他的领导下，有 24 位都主教、1 位大主教、3 位主教和其他君士坦丁堡有名的神职人员参加了此次会议。大公会议认真地研究了所有询问函中的问题。马努伊尔拿到君士坦丁堡地方宗教会议同意的牧首回信后于 1655 年初回到莫斯科。收到君士坦丁堡的回信后，尼康和沙皇修改教会书籍的愿望更加强烈了。[②]

1655 年 3 月，尼康已经开始公开地反对俄国古老的画十字的方式。在东正教礼拜日，尼康邀请安提阿的牧首马卡里（Макарий）和塞尔维亚的牧首加夫里尔（Гаврилл）帮助他，在布道的时候他强烈抨击了俄国画十字的方式。然后他请求牧首马卡里就该问题表态。马卡里通过翻译表示，在希腊的东部教会是三个手指画十字，那里不使用俄国画十字的方式。

三周之后，在大斋期的第五周，3 月 25~31 日，尼康召集

---

① 有的历史书说是 28 个问题［见 Карташев А.В. Очерки по истории русской Церкви (том 2). С.155］。

② Макарий (Булгаков). История русского раскола, известного под именем старообрядчества, С-Петербург, Третие издание, 1889, С. 161–166.

旧礼仪派经书，图片来源：Фото - Юлия Гусева，https://novation-nn.ru/institut-rukopisnoi-i-staropechatnoi-knigi-na-strazhe-knizhnogo-naslediya-staroobryadtsev。

了所有来到莫斯科的客人参加会议。在这之前，斯拉维涅斯基和尼康的其他助手已经成功地制定了整套修改章程大纲，准备好了新的礼拜经书文本。这些来自东部教会的主教来到莫斯科主要是想从尼康这里得到金钱方面的好处，他们中没有一位主教参与这些准备工作。这次会议的成员还记得镇压保罗·科洛缅斯基主教的例子，并且看到了沙皇和两位牧首客人对尼康的支持，因此在这次会议上同意了所有的修订，但是仍旧有很多宗教会议成员声明他们不会接受新的经书和仪式，将保持旧礼仪。在会议短短的几个小时内人们很难看清楚这些修正内容。在这次会议期间，牧首尼康确定地说道："我是俄国人，是俄国的儿子，但是我的信仰和观点是希腊的。"①1655年的宗教会议之后马努伊尔从君士坦丁堡带着君士坦丁堡牧首的回信回来

---

① Зеньковский С.А. Русское Старообрядчество. С.177.

了，除了有牧首帕伊西的签名外，还有24位都主教和4位主教的签名。牧首和宗教会议作出了谨慎而机智的回答，显然，他们已经知道尼康对修改俄国全部礼仪的不可遏制的热情。牧首回答道，当然，俄国和所有地方教会的教条和仪式的主要特征都要与大公会议的决议一致，所有东正教教徒应该在信仰上一致。在回答尼康怎样画十字的时候，牧首委婉地指出，在东部教会，所有人都有三个手指画十字的习惯，认为这是三位一体的象征。但是他坚决地恳求尼康停止在俄国教会开始的混乱，补充道，每个地方教会在仪式方面都有自己的特点和不同的传统。"不要认为，如果有人在细节上有不是本质区别的不同，就好像曲解了我们的东正教信仰。只要在重要和主要的问题上与全体教会一致就可以。"①

安提阿牧首马卡里也担心尼康容易入迷和不能忍受反对意见的性格会导致教会情况更加复杂，他曾对自己的儿子、辅祭保罗·阿列普斯基（Павел Алеппский）（二人曾一起在莫斯科）说："上帝没有给他分寸感。"② 但是，马卡里来俄国的目的不是使尼康和保守主义对抗派妥协，而是为了从俄国政府得到财政支持。他知道俄国政府对东部教会金钱的帮助取决于尼康，因此努力在各个方面满足他，在任何方面都不和他抬杠。

因为在金钱上依赖尼康，这些为了获得"恩惠"的东部教会牧首在各个方面都满足尼康。尼康经常邀请马卡里牧首和他一起进行礼拜，让其仔细观察自己的礼拜并指出俄国仪式中不正确的地方。根据马卡里的提示，尼康确实改变了一些仪式。1656年初他们参加了反对俄国旧仪式和其支持者，特别是涅

---

① Макарий (Булгаков). История русского раскола, известного под именем старообрядчества, С-Петербург, Третие издание, 1889, С.162–163.

② Зеньковский С.А. Русское Старообрядчество. С.178.

罗诺夫的游行。1656 年 2 月 24 日，在东正教的礼拜日做礼拜时，这三位牧首——尼康、马卡里和加夫里尔重又一起在升天大教堂主持仪式。当辅祭宣称将东正教的反对者革出教门时，牧首马卡里在尼康固执的坚持下走到沙皇和人民面前，展示希腊画十字的方式，说所有东正教教徒都应该这样画十字，不这样画十字的人会受到"诅咒"。加夫里尔牧首和尼西亚牧首格里高利（Григорий）也追随马卡里，重复了对反对改革者的诅咒的惩罚。① 4 月 23 日这三位牧首又参加了新的宗教会议，这次会议使得三个手指画十字合法化，再次宣布将所有拒绝按希腊方式画十字的人逐出教会。

但是尼康觉得革出教门的处罚并不够，宗教会议几周后他建议马卡里再次参加革出教门的公开活动。马卡里的儿子保罗说道，3 月 18 日他和尼康共同主持的礼拜结束后，"安提阿牧首在布道中讲到了大司祭（涅罗诺夫），将他与亚历山大大司祭阿里乌（Арий）对比，因为涅罗诺夫也是大司祭。然后牧首将莫斯科大司祭和他的所有追随者逐出教会，神职人员唱圣歌的时候三次唱哈利路亚。侍奉圣礼之后我们去莫斯科牧首那里吃午饭"。②

根据马卡里的儿子保罗·阿列普斯基的见证，尼康成功地使马卡里参与到将涅罗诺夫革出教门的事件中，他对安提阿的牧首说涅罗诺夫是异教徒，侮辱了教会的教条，辱骂了圣灵。在东部教会牧首的参与下这个诅咒仪式结束了第一系列的逐出教会事件，然后在 4 月 23 日的宗教会议上推行了尼康新举措的大纲。

---

① 参见 Карташев А.В. Очерки по истории русской Церкви (том 2). M:TEPPA-TERRA, 1992, C.158–159。

② Зеньковский С.А. Русское Старообрядчество. C.178.

尼康认为努力向人们展示礼仪一体化的提议并非出自他、而是出自希腊教会，是明智的做法，而东部教会的牧首们为了保留尼康对他们的好感，同意参加到这个对俄国教会而言悲剧性的事件中。俄国历史学家认为，他们经常来到俄国，赞扬俄国的信仰，安静地注视着俄国的仪式，甚至按照俄国的方式祝福沙皇，所以现在这些指向仪式支持者和仪式本身的诅咒至少是无意义和不合逻辑的。但是也很难因为他们参加了俄国牧首发起的俄国仪式"希腊化"而谴责他们，俄国牧首应该知道他正在做什么，以及为什么这样做。无论如何，对俄国东正教造成危险后果的纷争的种子，已经种下了。

通过这些手段，尼康的目的达到了。由于他的"改革"，俄国仪式完全按照新的希腊样式改变了。但他的新举措局限在改变和统一仪式上，因为所有其他方面，比如单声礼仪和布道实际是"爱上帝"小组推进的，尼康本人看起来更加希腊化，这也是他特别努力的结果。他在俄国教会中推行了希腊式的服装，甚至把希腊食物带进牧首的食堂中。现在他可以认为他的所见和所行就像东部教会主教一样了，在俄国解放东部东正教会时他能够统领整个东正教世界，不用担心希腊人会像他认为的那样，因俄国的混合仪式是外省的做派而斜视他。"尼康一生的主要任务是在世界东正教帝国（或者在俄国）建立神权政治，他的一生都是按照这个任务展开的。"[1] 对此，历史学家 C.A. 津科夫斯基如此分析到："有缺陷的人生和外省的经历，以及'像所有牧首'那样、像卓越的和有诱惑力的拜占庭人那样做礼拜的愿望，无疑都对农民出身并且在遥远的外省度过自己生命大部分时间的尼康的仪式政策的发展起到了很重要

① Крамер А.В. Раскол русской церкви в середине XVII века, СПб.: Алетейя, 2014. C.115.

的作用。他的所有'希腊主义'并不是出自对希腊文化或者希腊神学的崇拜，而是出自他对普世角色的微妙虚荣心和肤浅希望。"①

1655 年 8 月 31 日出版的礼拜书编订得极其不认真。无论是斯拉维涅斯基、阿尔谢尼还是叶夫菲米，都没有触及俄国以及东部教会修道院和图书馆的许多书籍。除此之外，在印刷史册时，斯拉维涅斯基和希腊人阿尔谢尼·格列克干脆就使用了1602 年威尼斯版本的希腊礼拜书，该版本从礼仪科学的角度来看并不比当时的俄国出版物更加完善。因为俄国的版本还保留着古希腊斯图底章程②，而新希腊文本完全是在耶路撒冷章程基础上发展起来的，它们之间的差别很大。

1655 年尼康版的新礼拜书中，主要的修订有以下几方面：（1）由两个手指画十字变为三个手指画十字；（2）对耶稣基督的赞美诗（哈利路亚）要唱三遍，而不是两遍；（3）用四角十字架代替古俄国的八角十字架；等等。

俄国学者认为，在极个别的情况下这些变化提高了翻译水平，或者说使得祈祷文和圣咏变得更易于理解。但是大多数情况下这些改变是不必要的，并且非常有争议，因为这些改变的参考依据是比俄国版本年代更晚的希腊文本。对于大部分教民和神职人员而言，这些无穷的改变就像是对章程的彻底革命。

如前所述，尼康的新举措引起了很多人的反抗。1654 年 8 月 25 日在莫斯科开始了第一次大暴动，大批民众聚集在莫斯科的街道和广场，反对尼康销毁圣像，尽管这些被销毁的圣像是按照新的方式，即按西方的方式画的。人们指责牧首不忠于

---

① 　Зеньковский С.А. Русское Старообрядчество. С.179.

② 　大司祭费奥多尔·斯图底（Феодор Студит）制定的礼拜章程，14 世纪之前俄国教会一直使用该章程。

信仰，认为他的所为与异教徒和圣像破坏者无异。然后人们又开始呼喊反对修订经书。但是这次暴动很快就过去了。

在尼康推行新举措的最初几年，为旧信仰而战的重担落在了涅罗诺夫身上。在涅罗诺夫被流放的初期，他没有停止自己与尼康的斗争。涅罗诺夫通过给沙皇和沃尼法季耶夫写信，揭露尼康敌基督的行为。他把尼康的新举措看作敌基督将要显现的征兆，指出敌基督想要破坏东正教的罗斯，即东正教最后的堡垒。涅罗诺夫写道："新的异端邪说来了，东正教徒正在受折磨，我们祖先传统的鞠躬方式被破坏了，我们画十字的方式也被毁掉了。"[①]涅罗诺夫坚持召开宗教会议，并且要求出席会议的不仅仅是主教，还应有神职人员和教区居民，他们知晓《圣经》，有高尚的道德品质，因此只有这种与会人员广泛参与的会议才能够被认为是真正的教会声音。这次宗教会议应该首先恢复被俄国和拜占庭世世代代实践的祝圣的旧规定。他认为，尼康对待神职人员的残酷无情毫不符合基督的遗训和东正教的精神，如果牧首号召保留这些新礼仪，最终只会使俄国东正教灭亡。

尽管沙皇在 1654 年初禁止涅罗诺夫向他写信，但是涅罗诺夫继续与皇后和沃尼法季耶夫通信，努力通过他们影响沙皇，以停止牧首所推行的在其看来灾难性的事业。

即使在流放时处于艰苦的条件中，涅罗诺夫也没有忘记自己的传道使命，并且为恢复礼仪和教会道德而斗争。他努力提高修士的道德水平，坚持严格遵守修道院的规定，竭尽所能在修道院建立起遵守纪律和保持虔诚的氛围。由于他努力传教，他和修道院院长发生了分歧，在院长的请求下他被移交到

[①]　Карташев А.В. Очерки по истории русской Церкви (том 2). M:TEPPA-TERRA, 1992, C.166.

更远的北方，前往位于白海的非常荒芜的坎达拉克沙修道院（Кандалакшский монастырь）。途中他曾在沃洛格达停留，这里也是他的家乡。利用在这个重要的北方中心的停留时间，他开始组织团体公开反对大牧首。

涅罗诺夫在沃洛格达宗教会议上的行动，以及他在同一天，即1654年7月18日寄给莫斯科友人的宣言书形式的信件，是对尼康和其新举措的公开宣战，以及反对敌基督之诡计的精神动员。

和牧首开始公开论战之后，涅罗诺夫决定不再停留在坎达拉克沙修道院，当时他到达那里还不足一年。1655年8月10日，他逃到了索洛维茨基群岛。他在位于白海的这个岛上的著名修道院中逗留的时间非常短暂，但是影响很大。在那里他结识了修士大司祭伊利亚（Илия），虽然他和修士们相处时间不长，但谈话成果丰硕，索洛维茨基修道院日后成了为旧信仰而战的最坚固的堡垒之一。离开索洛维茨基群岛之后，涅罗诺夫出发去往莫斯科。他的老朋友和战友沃尼法季耶夫将他藏在了莫斯科，那时候前者仍旧是沙皇的忏悔神甫。沃尼法季耶夫非常努力地调解涅罗诺夫与尼康的矛盾，希望停止教会的内乱。当时沙皇不止一次从西方战事活动中抽身回到莫斯科，他知道这位顽固的旧礼仪派斗士藏在那里，但是他没有告诉牧首。1655年圣诞节，大司祭涅罗诺夫在丹尼洛维修道院（Даниловой монастырь）成为修士，在那里他被称为格里高利长老。1656年5月18日，根据高层指示，涅罗诺夫被逐出教会，这件事以及尼康和东部教会牧首对两指画十字的诅咒是尼康对涅罗诺夫积极反抗牧首行动的报复。但是除了革出教门外，尼康已经没有更危险的武器了。对反抗者的诅咒还加深了尼康自己与反对者之间的鸿沟，这使任何和解都变得更加困难。

1656年2月和4月，尼康、亚历山大里亚牧首马卡里

（Макарий Александрийский）和塞尔维亚牧首加夫里尔
（Гавриил Сербский）宣布将用两指画十字圣号者革出教门，
这引起了反抗浪潮，民众纷纷指责尼康是敌基督。

　　1655~1656年俄国出现了彗星，当时民间立刻出现了它
象征着上帝因为牧首背叛东正教而愤怒的言论。在被涅罗诺
夫唤醒的索洛维茨基群岛，格拉西姆·菲尔索夫（Герасим
Фирсов）长老在1657年前后写了两篇长文章——《圣经的
指示》和《手指交叉》——捍卫旧信仰。在《圣经的指示》一
文中，他警告说，很快"会出现无法的，他的临在是撒旦式
的（人物）"；《手指交叉》一文甚至直到19世纪和20世纪初
都被认为是为俄国两指画十字辩护的优秀论文。这在修士中
间引起了越来越强烈的骚乱。他们中的一些人，比如叶皮凡
尼（Епифаний）长老，甚至离开了住所，走向沙漠，远离尼
康新举措的邪恶。这些长老的首领是被牧首流放到索洛维茨
基群岛的前御前大臣，此时的修士，大公伊万·利沃夫（Ив.
Львов），他曾经担任了很长时间的印书院院长，与"爱上帝"
小组走得很近。1657年一批新的教会书籍被带到索洛维茨基
群岛，修士大司祭伊利亚和年长的修士决定把书堆到仓库，甚
至禁止使用这些书。因为有些修士表达了要看和使用这些书的
意愿，所以1658年7月8日，抵抗派首领召集了修道院会议，
作出不使用新书籍的规定，决定不依照它们进行礼拜。当时所
有人全心全意地支持修士大司祭，没有在任何方面出卖他。这
是对抗牧首的公开暴动的开始。

　　但是索洛维茨基群岛的反抗，以及反对礼仪新举措情绪
的增长没有再招致来自尼康本人的回击。这时的尼康已经对他
发起的礼仪统一化和修订经书丧失了兴趣。涅罗诺夫感觉到了
这一点，他看到了改革正在远离这位顽固和执拗的牧首，于是
决定直接与他交谈。1656年11月11日沃尼法季耶夫去世了，

此后，涅罗诺夫成了莫斯科曾经轰动一时的"爱上帝"小组的最后代表。俄国学者如此分析道："可能就像1652年约瑟夫牧首的去世让沃尼法季耶夫变得更加小心，对教会统一问题更加敏感一样，现在沙皇忏悔神甫的死亡和尼康影响力减弱的情况使得涅罗诺夫开始思考达成教会和解的必要性。"无论对于涅罗诺夫的支持者还是对于牧首本人而言都出乎意料的是，1657年1月4日，涅罗诺夫完成了非常戏剧化的进程：正当尼康进行侍奉礼仪的时候，他走进了教堂。[①] 在侍奉礼仪结束后，牧首将一年前他革出教会的这位长老叫到跟前，耐心地撤销了由于新举措和迫害"爱上帝"小组而施加给涅罗诺夫的所有谴责。尼康在希腊人面前的兴高采烈已经过去。他向他的老朋友、后来的顽固敌人妥协了。很快，牧首不仅撤销了对涅罗诺夫、此时的格里高利长老革出教门和禁止进行礼拜的决定，甚至允许他按照旧的礼拜书籍举行仪式。沙皇本人最终于1657年1月14日从波兰前线回到首都，也劝说牧首撤销这些惩罚。

但是涅罗诺夫和尼康的和解仅仅是个人层面的。将自己所有生命都献给教会的长老格里高利、以前的司祭涅罗诺夫，仍旧不同意对古老俄国仪式进行改变。而牧首尼康现在已经不忙于修订仪式，而是更关心自己的个人处境了。由于和沙皇关系的恶化，他的处境变得越来越艰难。因此面对涅罗诺夫请求允许按照旧礼仪书籍进行礼拜时，牧首很容忍并且有点无所谓地答复道："两种都是善的。都一样，你想按照哪种，就按照哪种举行仪式。"[②] 现在尼康已经对修改礼拜仪式和使俄国仪规希腊化感到失望了，他的失望还表现在新日课的出版上。新日

---

① Зеньковский С.А. Русское Старообрядчество. С.190.

② 同上书，С.191.

课的印刷开始于牧首钟爱的伊维尔（Иверский）修道院，在
1658年初开始售卖。这本日课在一系列仪式细节方面，甚至
在信经方面，重新回到了尼康改革之前的古俄国传统中。比
如，"哈利路亚"在这本书中只重复两次，而不是三次，而信
经是按尼康改革之前传统的文本印刷的。

　　这些都说明尼康现在已经没有心力继续进行他开始的礼仪
新举措了，而是更关心自己的处境。

　　1656～1657年沙皇回首都越发频繁，开始加强对国内事
务的参与和管理。沙皇与尼康之间的冲突也越来越严重。从
1657年开始，沙皇邀请牧首参加会议的次数越来越少，并且
在非正式的宫廷交谈和接待中都很少看到尼康的身影。1658
年沙皇与尼康的关系达到了剑拔弩张的程度。大地主和沙皇的
亲戚对尼康的高傲一直记恨于心，为了使沙皇反对尼康，他们
竭尽所能，指责尼康一直扩大自己的权力、削弱沙皇的权威。
与此同时，尼康新举措的反对者也加强了对尼康的控诉。沙皇
对尼康的贪得无厌非常不满，而尼康的神权思想与日益巩固的
专制制度也相矛盾。当尼康得知自己已触怒沙皇，就采取了在
他看来能迫使沙皇屈服的行动。1658年7月10日在莫斯科圣
母升天大教堂召开的宗教代表大会上，尼康当众宣布辞去牧首
圣职，脱下牧首神袍，离开莫斯科，去到新耶路撒冷复活修道
院，使教区处于"群龙无首"的局面。但是，尼康的计划落空
了，沙皇并没有请求他回来继续当牧首，而是对其不理不睬。
当尼康于1664年回到莫斯科，妄图重新占据牧首宝座时，他
再次被沙皇发配到修道院。[①]

　　因此，旧礼仪派与尼康的斗争到此结束。但是改革已经开
始，它并没有因为尼康权力的丧失而停止，沙皇为了自己的专

---

　　① 　参见戴桂菊《沙俄时代的东正教》，见乐峰主编《俄国宗教史》（上卷），第103页。

制权力继续支持尼康的新举措，1658 年以后，旧礼仪派为信仰的斗争进入了与沙皇对抗的阶段。

第三节　旧礼仪派与沙皇的斗争

在这一阶段，旧礼仪派开始和以沙皇为首的政府进行斗争。沙皇之所以支持礼仪改革，有两方面的原因。一是世俗化的开端已经出现。与波兰、立陶宛和白俄罗斯的战争使得俄国军官们了解到了西方的生活，因此他们想要改变自己的生活方式，实现西方化。在潮流、衣服和装饰方面波兰的影响与日俱增。这时候莫斯科生活开始欧化，沙皇开始控制教会。沙皇看到了他们都用新礼仪，认识到自己的落后，也想改革。二是沙皇想使皇权高于教权，巩固自己的专制制度。俄罗斯哲学家格奥尔基·弗洛罗夫斯基（Георгий Флоровский）写道，"分裂运动的主体不在于'旧礼仪'，而在于统治权"[①]。这八年间教会没有牧首，这种情况一方面促进了政府和教会的斗争，另一方面促进了旧礼仪派支持者和教会的斗争。

从 1658 年到 1667 年，旧礼仪支持者为恢复俄国旧礼仪所作的斗争可以分为两个阶段，第一阶段为 1658~1666 年，这期间旧礼仪支持者积极上书沙皇，期待召开新的宗教会议以恢复俄国旧传统。此时，沙皇也在举棋不定，一再拖延宗教会议的召开，因此这一阶段的斗争比较和缓。第二阶段为 1666~1667 年，旧礼仪派期待已久的宗教会议在沙皇的主持下召开了，但是宗教会议并不是他们期许的那样。为了国家和教会的统一，强化专制制度，沙皇采取各种手段迫使旧礼仪派支持者放弃旧信仰，支持新信仰。在宗教会议期间旧礼仪支持者

---

① 〔俄〕格奥尔基·弗洛罗夫斯基：《俄罗斯宗教哲学之路》，第 97 页。

与沙皇进行了顽强的对抗，这次宗教会议召开以后旧礼仪派与官方教会最终决裂了，旧礼仪派不再是俄国教会的一部分，而成了"分裂派"。

尼康辞任后，沙皇担心新选出的牧首会反对礼仪改革，因此没有立刻召开选举尼康继承者的宗教会议。在此后几年中，尼康后悔自己拒绝了权力，并且开始思考回归牧首宝座。

1658年到1667年，这几年间教会中没有领导，尼康的位置实际上由沙皇占领，他越来越多地干涉教会的事务。两位有影响力的守旧派人士——诺夫哥罗德的马卡里和沃洛格达的马克尔（Маркел）分别在1662和1663年去世了，这时梁赞的伊拉里昂（Иларион Рязанский）领导的现代分子力量在增长，并且得到了沙皇的支持。因此在牧首缺席的情况下，教会的管理权正式落入沙皇和其身边人之手了。沙皇的近亲，他的舅舅西蒙·卢基扬诺维奇·斯特列士聂夫（Семен Лукьянович Стрешнев）受沙皇的委托，严密监视着教会的事务，在主教的背后控制着教会的活动。

1660年召开了一次宗教会议，这次会议是尼康请辞牧首一职后教会召开的第一次会议，当时支持旧礼仪的信徒还没有正式与官方教会决裂，仍是俄国东正教会内部的成员，他们对沙皇和教会还抱有希望。这次会议主要解决的是尼康辞任后选举教会新牧首的问题，而1666~1667年的宗教会议主要是为了解决尼康改革引起的俄国教会内部礼仪的问题以及怎样处理尼康擅离职守的问题。尼康辞任后，支持旧礼仪的信徒不断向沙皇上书，想使俄国回归到以前的传统中。迫于压力，沙皇决定召开会议解决尼康改革后所引起的一系列问题，为了使会议的进程按照自己的计划进行，沙皇邀请了东部教会牧首参加这次宗教会议。1660年宗教会议举办之时尼康曾对沙皇的代表说，尽管他同意选出自己的继承者，但是必须在他的祝福下任

命这个继承者，而且他自己要保留牧首的头衔。但是宗教会议
取消了选出新牧首的决定，也没有征求尼康的祝福，并且以他
不负责任的擅离圣职为由剥夺了他莫斯科牧首的头衔。这使情
况变得复杂起来，因为俄国教会史上没有类似的事件，在东部
教会，去世的牧首或者被迫离开宝座的牧首经常保留着头衔。
但是沙皇因为了解尼康专横而不安分的本性，担心保留他牧首
的头衔可能会造成更大的危害，会削弱继任者的权威。因此，
在不清楚按照法典规定应该怎样进行的情况下，沙皇和教会决
定推迟作出最终决定的时间，而是先召开东部教会牧首参加的
全东正教宗教会议，暂时让优柔寡断的皮季里姆·克鲁捷茨基
（Питирим Крутицкий）担任教会的领袖。俄国和东部教会牧
首的长期谈判开始了，直到 1666~1667 年，宗教会议才召开。
俄国历史学家认为："寻求东部教会希腊牧首调解的这个决定
对于俄国教会而言带来了非常沉重的后果，因为这提前排除了
回归俄国旧礼仪的可能性，或者至少找到某种旧礼仪支持者可
接受的妥协决议的可能性。"[1]

　　1658~1666 年，即俄国教会缺乏明确并且有力的领导的几
年，一方面政府和主教的斗争加剧了，另一方面旧礼仪支持者
和政府的斗争也加剧了。教会的统一遭受了越来越多的怀疑和
指责。1660 年涅罗诺夫向沙皇写到，必须尽快结束教会的混
乱，因为尼康的出走会使人们心中对修订经书的理由产生更大
的怀疑。涅罗诺夫指出了俄国人心中的窘迫，阿列克谢·米哈
伊洛维奇在给前牧首尼康的回信中表示，拒绝他来到莫斯科，
理由是尼康的改革和修订经书的举措在人民中产生了很多关于
教会礼拜和印刷书籍的差异的传闻。1665 年在给耶路撒冷牧
首的信中，沙皇公开表达了自己对教会混乱的消极看法，他抱

---

[1]　Зеньковский С.А. Русское Старообрядчество. C.202.

怨道，在俄国所有教会，仪式都不一致，在上帝的教会中每个人都按自己的方式做礼拜。确实，有关仪式的争论进行得如此深入，以至于经常出现在一个教堂中的两位神甫按照不同仪式进行礼拜的现象，一个按照新的，一个按照旧的。

在莫斯科，批判新经书和新仪式的中心是富有且有影响力的女贵族费奥多西娅·莫洛佐娃（Феодосьия Морозова）的宅邸，她是格列布·莫洛佐夫（Глеб Морозов）的遗孀；而格列布·莫洛佐夫的兄弟鲍里斯·莫洛佐夫（Борис Морозов）以前是沙皇的宠臣和老师。得益于自己的出身，莫洛佐娃能够长期保持独立的地位，她的住所成了旧礼仪派支持者的避难所。阿瓦库姆1664年初从西伯利亚流放回来后就住在这里，回到莫斯科后他立刻成了莫洛佐娃的忏悔神甫。

宗教会议召开前的这几年间，阿瓦库姆一直处于被流放的状态。1664年涅罗诺夫成功地从阿列克谢·米哈伊洛维奇那里获得许可，允许大司祭阿瓦库姆回到莫斯科。阿瓦库姆在自己被流放的这些年间做了很多事情推广自己的思想。尽管流放的判决又被撤销了，阿瓦库姆仍旧带着继续斗争的坚定愿望回到首都。

阿瓦库姆被允许回到莫斯科不是因为他是旧信仰捍卫者，而是因为他是尼康的敌人，当时沙皇和其周围人都在与尼康斗争。尼康辞任后，无论沙皇还是宫廷都不想暂停教会内部的分化举措，他们不想再回到以前大司祭和"爱上帝"小组在教会事务中发挥决定性作用的时代。

阿瓦库姆后来在自传中承认，沙皇和大地主一开始对他非常好。尽管沙皇准备好在所有事情上对他让步，但是这不意味着沙皇尊重他是司祭、布道者和神甫。新的仪式已经成为俄国教会秩序的一部分，对它的任何违背都会极大地激怒沙皇。这点从修士大司祭西蒙事件中就可以看出来。西蒙本人是经书修订的支持者，被任命为沃洛格达的主教后，有一次他偶然地按照旧的方式说道"受生，而非受造（рожденна, а не сотворенна）"，而不是新式的"受生，非受造（рожденна, не сотворенна）"，沙皇就对他非常愤怒，以至于想停止按手礼。

但是沙皇对待阿瓦库姆的态度要缓和很多，沙皇和他的顾问努力向阿瓦库姆妥协。人们称阿瓦库姆为忏悔神甫和印书院的修订者。大地主给了阿瓦库姆很多钱，特别是他的老朋友费奥多尔·勒季谢夫（Федор Ртищев）。使沙皇回归旧礼仪的机会不少，如果阿瓦库姆不那么强硬和不屈不挠，他至少会影响未来宗教会议决议的形成。阿瓦库姆在自传中亲自承认，甚至在会议进行过程中，沙皇都在尝试找到某种妥协的方案。受沙皇的委托，沙皇的使者建议阿瓦库姆听从沙皇的建议。他们称沙皇甚至已准备好使用部分旧礼仪，以保证公平。宗教会议临近了，尽管沙皇和其使者的劝说没有加剧教会领袖和修订经书反对者之间的矛盾，但阿瓦库姆还是不顾一切地硬闯，他害怕如果不坚持斗争，就会浪费时间，使问题的解决方案最终偏向新章程。

大司祭阿瓦库姆有 500~600 位忠实的旧信仰信徒追随着他一起斗争。阿瓦库姆停留的女贵族莫洛佐娃的家成了传统分子的"司令部"。莫洛佐娃本人，以及她的姐妹和朋友都完全忠诚于阿瓦库姆，信守旧礼仪。阿瓦库姆经常去费奥多尔·勒季谢夫那里，勒季谢夫经常组织关于信仰的辩论。旧信仰的布道遍布全城。在阿瓦库姆老朋友做礼拜的教堂里，在广场上和在莫斯科的街道上都在宣扬旧礼仪。在莫斯科，阿瓦库姆受到了圣愚"有福的基普里扬（Киприян），饱受苦难的费奥多尔，居住在修道院的阿法纳西"的帮助。这些人居住在宫廷附近，靠沙皇阿列克谢·米哈伊洛维奇的资助生活。但是 1664

年 8 月，在阿瓦库姆回到莫斯科半年后，他在当地的活动就停止了。

8 月 29 日，骑兵抓捕了阿瓦库姆，要将他和妻子、孩子带到北方，而阿列克谢·米哈伊洛维奇怕阿瓦库姆向他求情，尽量避免待在克里姆林宫。这样阿瓦库姆为旧信仰的斗争暂告一段落了，回到莫斯科刚半年多的他和自己的家人离开了他希望恢复旧传统的首都。

在决定俄国教会以后命运的 1666~1667 年宗教会议之前，已经出现了几个"支持旧信仰"的主要中心：

（1）莫斯科，那里许多神职人员、工商业者以及以女贵族莫洛佐娃为中心的小部分贵族反对政府镇压旧礼仪支持者；

（2）莫斯科东部地区；

（3）奥涅加湖和白海之间；

（4）西伯利亚。

除此之外，阿斯特拉罕（Астрахань）以及顿河地区都是教会动荡的地区，但是当时旧礼仪派对沙皇仍抱有希望，还没有和官方教会彻底决裂，动荡还没有破坏教会的统一。

1664 年优柔寡断的大牧首皮季里姆·克鲁捷茨基（Питирим Крутицкий）被撤掉了教会领袖的位置。保罗被暂时任命为牧首。这位新的牧首通晓拉丁语和波兰语，性格残酷而果断，在思想上与尼康接近。接下来的三年，教会的领导实际是沙皇本人。在保罗继任一周之后，阿瓦库姆就被流放到北部。同一年秋天，在大公伊万·普罗佐夫斯基（Иван Прозоровский）的带领下，军事远征队被派遣到莫斯科东部和北部，在那里逮捕了很多隐藏在森林中的信徒。尽管许多"动乱"领袖被逮捕甚至处决了，这次"清除"行动的成效并不显著，正是这些地区日后成了新礼仪反对者和教会对抗者的聚集地。

自从尼康试图重夺权力，沙皇几乎带着愤怒看待他，将他关押在沃兹涅先斯克（Вознесенский）修道院中。1665年对待旧礼仪支持者的强硬方针仍在继续。1665年初涅罗诺夫被流放到伏尔加河沿岸。11月十多位新礼仪反对者的领袖在老"爱上帝"小组成员拉扎尔（Лазарь）的带领下从西伯利亚来到了莫斯科。在等待宗教会议召开期间，他们中的一些人被立刻流放到北方，以防止反对莫斯科主教的力量增强。同年12月，辅祭费奥多尔和尼基塔·多勃雷宁（Никита Добрынин）神甫被逮捕了。许多反对新礼仪和修订书籍的大司祭、辅祭也被监禁起来了。所有旧礼仪支持者的领袖中只有修道院院长多西费（Досифей）一生都巧妙地躲避了逮捕，保持着自由。

第四节　旧礼仪派和官方教会的最后决裂

在镇压反对派的同时，沙皇也在积极地准备着宗教会议的召开。为了按照自己的意愿处理尼康事件和确定新礼仪的合法性，沙皇邀请了四位东部教会牧首来参加宗教会议。并且他聘请希腊和西部教会的代表担任宗教会议期间的主要执事。这种安排对旧礼仪派信徒非常不利。

君士坦丁堡牧首季奥尼西（Дионисий）和耶路撒冷牧首涅卡里（Нектарий）试图劝说沙皇和尼康和解，他们劝说了很长时间，尽力避免审判自己的同事。另两位牧首比较随和，是尼康以前的朋友——安提阿的马卡里和亚历山大的帕伊西；他们同意参加宗教会议，直到1666年初才来到莫斯科。沙皇召开宗教会议期间的主要助手是希腊和西部教会的代表，这些人道德水平很低，他们甚至都不清楚造成俄国危机的神学根据，但是由于给他们支付了应有的报酬，他们准备一切按照沙皇的指示行事。宗教会议的主要执事是加沙的都主教帕伊西·利加利特（Паисий Лигарид），他向沙皇和俄国教会隐瞒了他被耶路撒冷牧首剥夺了教职的事实。除了道德低下之外，利加利特的宗教信仰也使他不适合担任俄国教会纠纷评判者的角色。他在意大利学习，后来成为天主教徒，是罗马教宗的辅祭，后来改信东正教，毫不重视东部教会的精神。1666~1667年宗教会议的另一位希腊执事是辅祭梅列季（Мелетий），他也是一名聪明、狡猾、学问渊博、有天赋，但是毫无原则、不诚实的投机分子。他肆无忌惮地贪敛钱财，一开始在尼康身边供职，后来为沙皇效劳，受沙皇委托几次去往东部教会牧首那里。后来在莫斯科他受到很大怀疑，甚至被指责伪造牧首的公文。另一位更加有力的人物是希腊大司祭季奥尼西（Дионисий），他写下第一批反对旧礼仪支持者的文章。除了管理教会事务，他还修订经书，从事教育活动。

东部教会牧首来到俄国后，看到这些人担任主要执事感到很惋惜。几乎所有投机分子都是受尼康的邀请来到莫斯科的，他们对俄国教会内部的事情毫不知情；得到沙皇的报酬之后，他们就抛弃了自己的庇护者，转向沙皇一方，对尼康大加指责。还有一个人在神学顾问和协议拟定中起到特殊作用，他就是西蒙·波洛茨基，沙皇孩子们的老师和宫廷诗人，经常接触君主，能够对宗教会议的准备过程和结果产生很大的影响。他受波兰—拉丁文化的影响很大，他不是用斯拉夫语，而是用奇怪的半俄语、半波兰语记录会议"日程"，可见俄国教会的章程和精神离他很遥远。他经常用自己的夸张之作替换掉沙皇和都主教皮季里姆的话，去掉了很多重要的会议纪要。

这些人狡猾、贪婪，熟谙东部教会的风俗和语言，当沙皇必须与东部主教打交道时，他们是沙皇的重要代表。他们知道应该怎样向谁鞠躬，他们是幕后事务专家，善于诡辩，在困难的情况下总能向沙皇提示其所需的话语和策略。沙皇这次召开会议想让一切按照自己的计划进行，而不想临时作出任何决定。在这种背景下，宗教会议完全辜负了旧礼仪支持者的殷切期待。无论是白神品的代表，还是平信徒，都没有被邀请参加宗教会议。没有一位俄国旧礼仪传统的捍卫者成为与会者。

1666 年 4 月 29 日到 7 月 2 日进行的是大会的第一部分。这次会议只有俄国主教和修士大司祭参加。支持旧礼仪派信徒的白神品代表没有参加到会议工作中。1666 年底东部教会牧首来到莫斯科后，宗教会议第二部分才正式开始，其决议比只有俄国人参加的第一次会议更加激进。

为了使会议的最终决定符合自己的意愿，在会议召开前沙皇就采取措施，让参加会议的主教按照其意愿行事。1666 年 2 月，当所有主教和参会人员来到莫斯科后，沙皇单独会见了每位主教，并让他们书面回答了以下三个问题。（1）应该怎样看待君士坦丁堡、安提阿和耶路撒冷的主教？即对于每个被召唤到沙皇这里的东部教会牧首，每个主教是否认为他们是东正教的牧首，他们有没有权利参与解决东正教教会的问题？（2）主教是否认为印刷或者手写的希腊经书是正确和可信的？（3）主教是否认为 1654 年宗教会议的决议是正确的（这次会议在尼康的施压下决定开始重新修订经书）？[①]

这些问题设置得很灵活，没有涉及俄国的礼仪问题。沙皇想通过这些问题使主教们确立新礼仪的正确性。与会人员没有原则性的理由对沙皇的问题给予否定的回答，并且他们清楚这种否定的回答会引起不愉快的后果。除了维亚斯基（Вятский）的主教亚历山大，所有的与会者都没有冒险违背沙皇的意志，没有对任何一个问题作出否定回答。主教亚历山大的反抗也没有持续很长时间，他最终被迫承认画十字时三个手指的有效性，签署了修改的信经。

---

① Крамер А.В. Раскол русской церкви в середине XVII века, СПб.: Алетейя, 2014.С.193.

当高级神职人员的态度和宗教会议的目标统一起来，认可这些"问题"，忠于沙皇的要求后，会议开始处理教会内部动荡的问题。

在沙皇的精心布局下，牧首尼康在位时修订经书的举措被认为是正确的，大会商定了三指画十字和使用新的祈祷方式。俄国高级神职人员拟定了和解的道路，他们一致认同只有不听从教会和继续进行暴动时，这些人才会被谴责为暴动分子。他们不谴责旧礼仪，而是相对温和地对待不听话的人，比如阿瓦库姆和莫洛佐娃，并且在会议期间旧礼仪派信徒之间可以相互商讨，这表明沙皇的劝说活动在很大程度上获得了成功。这次会议后，教会表面上看似乎达到了稳定。斗争的火焰在每分钟都可能重新燃起，因为许多事项都没有商量好，可尽管如此，这时俄国主教们仍旧可能最终和俄国旧章程捍卫者达成一致。由于和尼康之间存在分歧（即沙皇想撤掉尼康牧首的职位，同时撤掉其教衔，但是尼康想保留牧首的教衔，并且历任牧首也大都保留了教衔，人们不清楚教规是怎样规定的），沙皇需要邀请东部教会的希腊主教干预，这样就将沙皇和宫廷置于依靠中间人希腊人的处境中。希腊人就可以在新的、扩大了的会议上发表对俄国章程的非俄国观点，这极大地加剧了莫斯科礼仪的危机，使得双方的和解变成不可能。

编年史对会议第一部分的记录并不清晰，因为编辑会议和决议纪要的西蒙·波洛茨基完全没有注意事件发生的顺序。4月29日的会议举行了盛大的开幕式，沙皇代表政府发言，都主教皮季里姆代表教会发言，然后会议着手处理四位新礼仪反对者。这四位旧礼仪支持者始终不放弃自己对东部教会牧首、俄国新经书和希腊经书的否定态度。他们是苏兹达里神甫尼基塔·多勃雷宁（Никита Добрынин）、辅祭费奥多尔（Федор）、大司祭阿瓦库姆和来自图塔耶夫的神甫拉扎尔

（Лазарь）。

尼基塔·多勃雷宁将自己对尼康参考的史册和当时的其他出版物的详细评论带到会议上。他的书对会议非常重要，帕伊西·利加利特和西蒙·波洛茨基都特意阅读了这本书。尼基塔是坚定的反对者，他尖锐地批评了新的经书。他对希腊牧首的评价是"不好"，"不想听主教们的劝解"。会议对他的批判比对其他受谴责者进行的时间长，直到5月10日，当这位神甫再次拒绝服从会议的权威时，他被剥夺了教衔，逐出教会。辅祭费奥多尔也很顽强。他像尼基塔一样为了宗教会议准备了书面的材料，在指明末日的简短引文之后，其文章将旧礼仪和经文与新的进行了对比。他的主要论据是尼康新的各版本礼拜书籍中，经文并不一致。"如果每本书的经文都与其他的不同，那信徒怎样能够信任新的经书呢？"费奥多尔问道。在会议召开之前，费奥多尔被审问的时候，这位旧礼仪支持者的口中第一次冒出谴责沙皇本人的话。在讨论激烈时，主教保罗起初没有很愤怒，而是肤浅地指出自己不反对旧书籍和旧礼仪，但是在新的版本中也没有看到恶，不想给教会带来纠纷，因此听从沙皇保护教会统一的意愿。费奥多尔尖锐地回应道："请满足基督……而不是满足逐渐腐烂的沙皇的面子和满足他的欲望。"①

在劝说大司祭阿瓦库姆时，这些主教也没有获得成功。3月1日阿瓦库姆就被带到了莫斯科，在克鲁捷茨基（Крутицкий）庄园中都主教保罗本人和会议的其他成员连续八天劝说阿瓦库姆。在莫斯科这些天他成功地见到了自己的朋友——女贵族莫洛佐娃。他们谈论了两天，商讨了很多事项，对彼此许诺道："我们一起为真理而奋斗，连死亡也接受，不

---

① Зеньковский С.А. Русское Старообрядчество. С.220.

背叛彼此。"然后他被带到帕夫努季耶夫（Пафнутьев）修道院，一直到会议开幕阿瓦库姆都戴着镣铐。尽管修道院的修士折磨了阿瓦库姆九周，他仍旧从女贵族莫洛佐娃那里得到了"需要"的粮食。由于认识沙皇，沙皇和皇室对他的态度比较友好，与其他人相比，阿瓦库姆处于特别优待的地位。5 月 13日，大司祭被带到十字宫殿的克里姆林宫，出现在会议上。由于没有向审判者作任何忏悔，会议谴责了他，决定剥夺他的教衔，诅咒他。他直接从十字宫殿被带到了圣母升天大教堂，在那里他和尼基塔、费奥多尔一起被剥夺了教衔，革出教门。这三位被撤去教衔的教士被带到莫斯科郊外的尼可利斯基·乌戈列师斯基（Никольский Угрешский）修道院，在那里尼基塔和费奥多尔最终悔悟了，签署了他们被要求的公文。这样阿瓦库姆就成了唯一一位反抗派代表，拒绝向俄国宗教会议妥协，继续反对主教的"暴行"。6 月 17 日，拉扎尔还没有从梅津（Мезень）被带到莫斯科的时候，会议就以他写了暴动呈文为由秘密地处罚了他。

　　亚历山大里亚的牧首帕伊西、安提阿牧首马卡里——尼康的旧相识以及顾问——于 1666 年 11 月 2 日抵达莫斯科，三天后开始与沙皇会晤。他们对旧礼仪很明显持反对的态度。因此礼仪的问题并没有使沙皇担心，沙皇担心的是他个人对尼康诉讼的最终决议。许多希腊人知道尼康的希腊化倾向，因此很同情他。君士坦丁堡的牧首帕尔费尼（Парфений）和耶路撒冷牧首涅卡里拒绝参加对俄国教会前首脑的审判。而另外两位来到莫斯科的牧首丝毫不关心俄国教会，只想从俄国政府获得相应的酬金。

　　1666 年 12 月 1 日，大公会议在第一次会议上开始正式处理尼康事件，处理过程持续了将近两周。沙皇和牧首的单独谈判促进了这个复杂问题的快速解决。只受少数俄国主教支持的希腊人决定谴责尼康，剥夺他的主教教衔，因为其神权高于皇权的学说而判其有罪。相反，大多数俄国主教展现了很大的容忍和谨慎，他们为神权对世俗权力的权威辩护，反对剥夺尼康的教衔。但是最终会议采用了希腊人的提议。12月12日公布了会议的判决，尼康本人出席了此次会议。他不仅被撤销了牧首的教职，而且被剥夺了主教的头衔。以前的"大君主"被指控擅离职守、侮辱沙皇，给俄国教会带来了混乱，并且对待神职人员很残酷，特别是对待主教保罗·科洛缅斯基的时候（保罗是第一位为旧礼仪殉道的人）。判决公布后，尼康以前的朋友和客人安提阿牧首马卡里摘下了他的白僧帽和（主教挂在胸前的）圣母小像。成为普通修士的尼康对自己以前的朋友和兄弟说了很多话，尽管很不满意，但他没有反抗。最后尼康被带到荒凉而贫穷的费拉蓬多夫（Ферапонтов）修道院。①

1667年1月31日，大公会议隆重地选举出了新的主教。沙皇和宫廷害怕新的教会领袖会对新礼仪有反对意见，因此任命了一位不太有名的圣三一修道院的住持——大司祭约瑟夫，2月10日他成了约瑟夫二世，全大罗斯、小罗斯和白罗斯的牧首。

希腊教父将有关牧首在国家和教会管理方面处于沙皇权威之下的原则制定成了教规。按照这些规定，沙皇的意志对于人民而言是法律。希腊教父的决议不仅给尼康的计划和理论带来了决定性的冲击，并且也打击了"爱上帝"小组想使教会和信仰高于政治意见的理想。主教们制定出的新准则是帕伊西·利加利特的硕果。这些准则为俄国专制的历史打开了新的一页，自此俄国君主追随着西方的步伐，摆脱了教会的一切影响，这

---

① Карташев А.В. Очерки по истории русской Церкви (том 2). М:ТЕРРА-TERRA, 1992, C.211.

样阿列克谢·米哈伊洛维奇从有责任心的正教沙皇变成了路易十四世那样的集权帝王。这次会议决定将四位神甫流放到俄国遥远的北方村庄普斯塔杰尔斯科（пустозерск）。在对待俄国旧礼仪方面，这些希腊与会者极力反对。他们不仅坚持对所有用两指画十字的人和使用旧章程的人施加绝罚，并且决定禁止一切旧的俄国教会传统，按照希腊人的看法，不想使用新仪式的人是给教会带来分裂的人，是教会中的异教徒。希腊神甫不了解俄国的国情和教会历史，在新教规中作出禁止使用旧礼仪的决定。俄国神甫和希腊神甫发生了激烈的争论，沙皇介入其中，最终建议俄国人遵循希腊人的提议。会议还决定禁止传播一些俄国教会作品，如白僧帽的故事、1551年的百章会议的规定等。

就这样，旧礼仪支持者期待已久的宗教会议结束了，这次会议后，俄国官方教会将旧礼仪支持者称作"异端"，以阿瓦库姆为首的旧信仰捍卫者被革除教籍。旧礼仪派教徒由教会内部的"持不同政见者"变成了教会外部的敌人。[①] 但是旧礼仪派信徒的斗争并没有结束，宗教会议以后以阿瓦库姆等人为领袖的旧礼仪派信徒在不同的地方进行了最后的顽强斗争，斗争扩大到俄国北部顿河流域等地，他们还参与到拉辛起义等革命活动中。

[①]　乐峰主编《俄国宗教史》（上卷），第276页。

第三章　旧礼仪派的反抗中心

1666~1667 年的宗教会议解决了沙皇和尼康之间的争论，选出了新牧首，表面上取得了成功，礼仪问题似乎得到了解决。对于政府而言好像只有四名反对分子不服从宗教会议的决定，但是事实上这次宗教会议并不成功。这次会议没有恢复俄国教会的统一，相反，它一方面加深了教会和主教的分歧，另一方面加深了政府和俄国旧传统支持者的分歧。宗教会议将旧信仰支持者绝罚出教会，他们已经不是教会的一部分，而是成了教会的异己分子。但是，旧信仰支持者并没有停止为恢复俄国旧礼仪传统而斗争。宗教会议后在俄国形成了旧礼仪派反抗沙皇和教会的几个反抗中心，它们是：（1）俄国北部最强大的教会组织索洛维茨基修道院，这里的修士们没有服从沙皇的命令，仍旧按照旧礼仪进行礼拜，他们多次上书沙皇表达使俄国回归旧信仰的意愿；（2）以阿瓦库姆为代表的、在宗教会议上没有服从沙皇劝说的四位旧礼仪派领袖的流放地普斯塔杰尔斯科村，这里是旧礼仪派继续斗争的思想中心，从这里流传出很多旧礼仪派领袖的著作；（3）各地旧礼仪派信徒的联系枢纽——莫斯科，其中，莫斯科旧礼仪支持者的聚会中心是女贵族莫洛佐娃家。

第一节　武装抵抗中心——索洛维茨基修道院

索洛维茨基修道院是俄国非常有影响力的修道院，它曾经是都主教菲利普（Филипп）所在的修道院。1667 年 9 月，四位新礼仪反对者——阿瓦库姆、拉扎尔、索洛维茨基修士叶皮凡尼（Епифаний）和西伯利亚的大司祭尼基福尔（Никифор）——被判决和流放后，修道院坚决地否决了宗教会议的决议，拒绝使用新礼仪。这是由多名修士组成的修士团作出的集体决议。索洛维茨基群岛修士团有 1500 人左右，曾经是俄国北部最强大的教会组织。

俄国欧洲部分的沿海北方是前大诺夫哥罗德公国所在地。这个地方没有农奴制，保留了诺夫哥罗德的自由精神，甚至对莫斯科政权自古就有不友好态度。这里的居民独立、勤劳并且有忍耐力。与俄国中部地区的居民相比，他们习惯在各个方面较少地依赖莫斯科，这点与哥萨克人和西伯利亚人相似。全俄国对礼拜改革的推行基本上都听从于莫斯科，但是北方听从莫斯科的神职人员和教会很少，人们习惯了没有神职人员的生活。这里的居民经常在许多小教堂里祈祷或者读书，他们用储存的圣膏来进行圣餐礼仪。因此这里的平民比俄国其他地方的人识字水平更高，更了解礼拜书籍，更加痛苦地接受经书的改变。而要想逮捕居民熟悉的神职人员，用莫斯科派来的人代替其职位，在这里也是非常困难的事情。种种条件决定了这里不可避免地吸引了逃离中央地区的人们，并且成为尼康改革反对者的聚集地。①

索洛维茨基修道院是俄国北方的精神（一定程度上也是经济）中心。索洛维茨基修士们的决定有一定的历史渊源。大司祭涅罗诺夫曾经在这个修道院逗留，自此以后，这座修道院就一直关心俄国教会，为教会事务担忧。

1657 年 10 月，新的教会经书到达索洛维茨基修道院，修士大司祭伊利亚和其他年长的修士决定将这些书放进仓库，禁止使用它们。因为一些修士表达了想翻阅和使用这些书的意愿，因此 1658 年 7 月 8 日反对新经书的领头人物召集了修道院会议，作出禁止使用新经书的决议。1663 年修道院会议再

---

① Крамер А.В. Раскол русской церкви в середине XVII века, СПб.: Алетейя, 2014. C.216.

次确认了 1658 年的决议，禁止修士接受尼康的"新举措"。格拉西姆·菲尔索夫（Герасим Фирсов）长老在 1657 年写了两篇捍卫旧信仰的长文。1658 年和 1663 年修道院会议的决议，以及菲尔索夫撰写的长文是修道院修士早期对俄国教会不满的表现。50 位修士司祭和普通修士为自己和其他许多不太识字的修士在教会决议书上签名，这表明了他们在礼仪问题上的团结一致。当时只有三位修士司祭在单独的备忘录上表示同意按照新经书进行仪式。1659 年备受尊敬的老修士大司祭伊利亚的死亡放大了修士们的恐慌情绪。新当选的修士大司祭巴罗多买（Варфоломей）是一位没文化、软弱和优柔寡断的院长，他在新仪式和旧仪式之间摇摆不定。受其影响，1661 年修道院颁布了一项不清晰的有关使用新经书的妥协决议，但是两年之后，1663 年 2 月 16 日，新的索洛维茨基宗教会议的决议坚决要求制服所有"接受新仪式"的人。巴罗多买摇摆不定的态度和个人不甚道德的行为最终导致他和格拉西姆·菲尔索夫领导的修士团发生冲突。双方都向沙皇抱怨修道院秩序混乱和对方不道德的行为，最终双方被要求忏悔，并且在 1666 年全俄国宗教会议上作出表态。1666~1667 年 2 月 14 日修道院的修士团向巴罗多买递交了完整的说明，即通常所称的索洛维茨基的第一份呈文。在呈文中他们请求沙皇阿列克谢·米哈伊洛维奇不要改变教会传统，不要破坏教会礼仪和章程，以及圣人的遗训。

巴罗多买在会议上作了忏悔，但是由于性格软弱，他没有向沙皇提及修士团交给他的呈文。上文提到的格拉西姆·菲尔索夫，被要求在宗教会议上表态的时候，也没有下定决心对抗高级神职人员的权威，他进行了忏悔并请求原谅。但是他们的屈从并不意味着修道院准备对会议决议和沙皇屈服。

1666 年 8 月，教会和沙皇决定派修士大司祭谢尔盖

（Сергий）到动荡不安的修道院向修士们转达宗教会议的决议，要求他们承认新礼仪，这激化了那里原本就有的不安和混乱。当索洛维茨基群岛的人们获悉沙皇的代表小组要来以后，新礼仪反对者的领袖，曾经到过这里的津尼格拉斯基（Зенигородский）修道院的萨温（Саввин）院长、修士大司祭尼卡诺尔（Никанор）和长者亚历山大·斯图卡洛夫（Александр Стукалов）将修道院的权力掌握在自己手中，撰写了第二份呈文，请求取消新书籍。1666 年 10 月 4 日来到索洛维茨基群岛的修士大司祭谢尔盖受到修士们充满敌意的接待。他宣读沙皇旨意时遭遇了"无礼和倔强的喧哗声和叫喊声"，谢尔盖自己说道。尼卡诺尔尖锐地，"非常愤怒"地打断了谢尔盖，没让他说完。然后尼卡诺尔宣读了刚刚撰写给沙皇的第二份呈文，在呈文中，修士们声明自己准备好了忠于修道院创始者圣佐西玛（Зосима）和圣萨瓦季（Савватий）的遗训和传统。① 修士大司祭谢尔盖一无所获，11 月 11 日和他的助手亚德里安（Адриан）离开了修道院。从那时候起索洛维茨基群岛和沙皇政权之间的官方联系几乎停止了，但是尼卡诺尔仍然亲自去莫斯科出席了 1666~1667 年的宗教会议。在主教们对他进行审讯时，尼卡诺尔决定不像阿瓦库姆、拉扎尔和叶皮凡尼那样公然抵抗，他假装忏悔。正是由于忏悔，他才没有被关进监狱，能够及时提醒索洛维茨基修道院，巴罗多买和政府新任命的修士大司祭约瑟夫（Иосиф）将被派往那里，最终他逃离了莫斯科，重新领导索洛维茨基修士们的对抗活动。由此看他的做法是正确的。他希望索洛维茨基群岛成为对抗"新信仰"的中心，能够吸引其他修道院，最终吸引俄国其他地区的参与，这或许能够使教会和国家回归旧礼仪。

---

① Зеньковский С.А. Русское Старообрядчество. С.233.

1667 年 9 月 14 日约瑟夫和巴罗多买在索洛维茨基群岛的出现引起了当地人们的极大愤怒。几天之前，修士团向莫斯科发出了第四封呈文，很快又发出了内容上最重要的第五封写给沙皇的呈文，讲述了他们对新举措的看法。在呈文中修士们说道，尼康和他的追随者"按照其普罗茨基（плоцкий）省的智慧，而不是按照使徒和圣父的传统"创立了新信仰，"所有按照其自己的想法重新出版的书籍破坏了整个教会的礼仪和章程，是反上帝和堕落的"。然后呈文分析了所有的新举措和新文本，将其与旧的进行对比。呈文援引君士坦丁堡牧首叶列米亚（Иеремия）和费奥凡（Феофан）的说明，确信地写道，俄国信仰比希腊信仰得到了更好的保存，因为希腊人的"东正教信仰由于不洁的土耳其人的破坏最终干涸了"。作者非常有逻辑和公平地证明了，在修订经书时尼康和他的顾问完全没有使用古代的希腊材料和斯拉夫材料，而是参考了新的出版物。并且这些新的希腊经书不是在东正教土地上出版的，而是在天主教那里，它们可能在那里被蓄意曲解了，因此不能够被认为是权威的。呈文非常尖锐地指出，所有俄国圣人的得救和成圣是因为他们按照旧的经书进行祈祷，使用旧的仪式，既然俄国教会承认他们的神圣性，就应该承认他们尊敬的仪式。在1666~1667 年的宗教大会上阿瓦库姆已经引用过这个证据，并且没有被俄国和希腊主教驳倒。格龙季（Геронтий）的所有证据都非常符合逻辑、详细和具体，奠定了以后所有旧礼仪信仰者的神学著作基础。在结尾处，作者以全体修士的名义请求沙皇"不改变，不加工"东正教信仰。①

呈文彻底而坚定的语调，以及修士们将沙皇使者驱逐出去的行为向政府表明了，控制索洛维茨基群岛不是这么容易的。

---

① Зеньковский С.А. Русское Старообрядчество. С.234.

政府从劝说转向了制裁。1667 年 12 月 27 日政府下令，告知索洛维茨基群岛，政府要没收其在大陆、莫斯科和白海海岸修道院的一切财产，其中包括农业用地、修道院村落、盐酸业工场和商品仓库。莫斯科作出针对修道院的经济战争和财政制裁的决议是非常艰难的。在两百多年间，索洛维茨基群岛一直是俄国北部重要的城市和白海唯一真正意义上的要塞，它是瑞典和芬兰的东北部与俄国接壤的边界线，是俄国通向西方的唯一开放的海上道路。索洛维茨基群岛作为俄国信仰和习俗的堡垒，以及整个北海地区的主要经济中心，其修道院的文化和经济意义也是独一无二的。1664 年修道院自愿向沙皇贡献了两万卢布，以感谢政府使修道院的产业免于税赋，这在当时是很大的一笔钱。在 17 世纪，修道院中劳动者能达到 700 人规模，并且有成千上万人在属于索洛维茨基群岛的农业和捕鱼业中工作。索洛维茨基群岛在白海边疆区所有的行业中都处于领先地位。修道院作为要塞的军事意义也毫不逊色，它的仓库中有大量的武器、炸药和粮食储备，上百发炮弹都攻不破它的城墙和塔楼。被沙皇的军队围攻多年以后，人们在其修道院仓库中还找到了足够供一千名驻防军食用一年的粮食。

　　政府在 1668 年夏天开始军事封锁修道院。当时修士团的领导是尼卡诺尔，他逃离莫斯科回到岛上的时候是 1667 年 10 月 20 日。骑兵队在宫廷杂务侍臣沃尔霍夫（Волохов）的领导下来到白海岸边以切断大陆对修道院的供给，若非如此就不能围攻修道院。这时在修道院已经聚集了 500~600 名善战的修士和其支持者。修士团对政府的抗争持续了将近八年，直到 1676 年因为有人背叛修道院，政府才战胜了索洛维茨基修道院。尽管修士们公开抵抗宗教会议的决议，但在被围攻的几乎整个时期内他们仍继续为沙皇祈祷，他们一直确信，他们只是为旧礼仪而斗争，而不是为剥夺沙皇的权力而斗争。但是在被围攻的最后时间里，一部分索洛维茨基捍卫者的情绪变得非常偏激。

约阿基姆（Иоаким，1674~1690 在位）当上牧首后，索洛维茨基修道院遭到了毁灭性的打击。1668 年开始的对修道院的封锁起初并不有效，政府不止一次告诉修道院，如果它屈从和接受新信仰，就会得到宽恕。但是修士团每次都愤怒地拒绝了政府的建议。白海海岸的居民非常同情修道院的保卫者，给修道院的修士提供了食物储备，主要是鱼和蔬菜。1674 年春天 A.梅谢里诺夫（А.И.Мещеринов）接替了克列缅尼·叶夫列夫（Клемений Евлев）上校——封锁修道院军队的第二任长官，他将自己的军队部署在群岛中的主要小岛上，开始规律性地围攻要塞。他的军队在修道院墙的四周建起了五角堡垒和战壕，安放了攻城炮。在围攻修道院的最后几年，修道院的保卫者中间出现了分歧。宗教上较为保守、政治上较为温和的修士和平信徒坚持严格遵守修道院的规定，开始和政府谈判。温和派的领导是格龙季，他是著名的第五次索洛维茨基呈文的编纂者。在没有放弃自己信念，即旧书优于新书的原则的情况下，格龙季和他的朋友看到了自己所处的困境，在 1674 年围攻快结束的时候劝说修士不要射杀国家人员，并转向了沙皇军队一方。格龙季的这种温和态度的产生是因为他对修士们和修道院要塞中很多世俗保卫者的过度激进化很担忧。随着围攻的延续，极度狂热的新书反对者和来给修道院提供帮助的平信徒中的政治激进分子开始结成联盟。根据一些情报，在 1670 年哥萨克起义的主要力量被歼灭后，部分拉辛分子也深入到修道院中，号召修士站起来，打击官方人员。

从 1674 年起尼卡诺尔和他的仆役费久申卡·博罗金（Федюшка Бородин）成了对抗官方军队的领袖。尽管梅谢里诺夫的沙皇军队想尽办法控制修道院，修士团和其平信徒支持者还是击退了政府的军队。1675～1676 年的冬天对于索洛维茨基群岛而言是最严峻的时期，政府军的围攻几乎没有间断，修道院和外部的联系几乎完全中断了。1676 年 12 月 23 日，一切准备就绪，梅谢里诺夫下令对修道院进行全面进攻，但是没有成功。虽然这次猛攻被击退了，但是被围困者的气势下降了。

几天后从修道院逃出了一名修士——费奥克蒂斯特，他不想对抗沙皇，因此投向围攻部队，他指出夜里无人看守的通往修道院的秘密通道。1677 年 1 月 22 日夜里，骑兵通过这条秘密通道深入到修道院的堡垒中，给军队打开了大门。[①] 旧信仰的保卫者醒来的时候已经太晚了，他们几乎全部被杀死了。平信徒的领袖——尼卡诺尔，还有疑似拉辛分子的哥萨克人萨姆科（Самко）被绞死了。许多其他的保卫者也在刽子手可怕的折磨中死去。

索洛维茨基群岛为俄国旧信仰坚持斗争了将近 10 年，给全俄国特别是忠于传统的俄国北部和东部居民留下了深刻的印象。在旧信仰人们的脑海中，围攻索洛维茨基群岛的目的不是别的，正是主教和沙皇想在俄国尝试推行新的、半希腊—半拉丁式的信仰来代替古老的东正教。因此，在俄国北部，大部分居民对修道院被攻陷都很难过，它引起了严峻的宗教紧张局势，以及对那些接受新礼仪的人的极大愤怒。修道院被攻陷之前成功逃离的很多修士在北方沿海地区（поморье）宗教激进化方面发挥了很大的作用。幸存和走散到北部的修士们，比如伊格那季（Игнатий）、萨瓦季（Савватий）、叶夫菲米、约瑟夫（Иосаф）等人组成了北方沿海地区最顽强的传播旧信仰

① Макарий (Булгаков). История русского раскола, известного под именем старообрядчества, С-Петербург, Третие издание, 1889, С.233.

的群体。他们中的很多人成了自焚的宣扬者，也有人继续为旧信仰抗争，萨瓦季甚至参加了1682年在莫斯科发起的尝试使全俄国重回旧礼仪的行动。索洛维茨基修道院的武装抵抗激励了一大批为旧信仰而战的俄国人。

第二节　思想抵抗中心——普斯塔杰尔斯科

在1666~1667年宗教会议上坚持旧信仰、丝毫没有忏悔的新礼仪反抗者和索洛维茨基修道院的修士们几乎持同样的观点。无论身处何种境遇，拉扎尔、阿瓦库姆和叶皮凡尼都继续向沙皇寄出呈文，仍旧希望能说服沙皇回归旧信仰。他们的偶然到来，使得位于俄国北部冻土地带边缘的这个小村落——普斯塔杰尔斯科成了为旧礼仪斗争的思想中心。

如果索洛维茨基群岛是以其勇敢的武装反抗激励了旧信仰者，那么普斯塔杰尔斯科则给全俄国提供了思想著作，从那里涌出的无数书信、论著和呈文支撑了所有不想以及不能拒绝俄国旧教会传统的人的信仰和希望。彼时普斯塔杰尔斯科的居民仅仅由几十个家庭组成，尽管处于极地的边缘，但是这个几乎荒废的村落在那时是重要的交通点。

从俄国北部西伯利亚出来的道路，以及从索洛维茨基群岛出来通往乌拉尔的道路都经过该居民点。军人、传教士、商人、移居者以及被流放者经常出现在这个极圈附近的俄国小村落，他们从全国各地带来信息，简化了小镇和莫斯科以及中央地区的联系。

第一批四位囚徒是于1667年12月12日来到这里的。他们是拉扎尔、阿瓦库姆、以前索洛维茨基的修士叶皮凡尼、西伯利亚修士大司祭尼基福尔。在被流放之前他们还被逐出了教会。辅祭费奥多尔很快和这四位会合了，尽管他在宗教会议上进行了忏悔，但是过了几个月他重新开始为旧礼仪而斗争。

1668 年 2 月 21 日，费奥多尔受到教会当权者的判决，2 月 25 日在莫斯科被割掉舌头，然后也被流放到普斯塔杰尔斯科。尼基福尔来到这里后不久就去世了，其余四人坐了 14 年的牢，在 1682 年为了自焚才从监狱中出来。在这 14 年中，他们在论证和推广旧信仰方面做了巨大的工作。这个位于北极圈附近的小村落成了旧礼仪派的精神总部，教会分裂早期旧信仰捍卫者的大部分文章都出自这里。

在 1666~1667 年大公会议前后，阿瓦库姆受到了教会和沙皇最长时间的劝说。阿瓦库姆成了教会领袖最激烈和顽固的对抗者。在此之前，大司祭阿瓦库姆在反对仪式革新方面的作用是次要的，因为他在 17 世纪 50 年代初还很年轻，鲜为人知。后来他被流放到西伯利亚，离首都和国家中部的事件太远。当时在首都捍卫旧信仰的公认领袖是"爱上帝"小组运动的创始人涅罗诺夫。阿瓦库姆结束流放返回莫斯科的同时，涅罗诺夫斗争的积极性在下降，他越来越怀疑自己对教会的反抗是否正确，因为这种反抗导致了公开的分裂。涅罗诺夫最终放弃了对抗，接受了书籍修改和教会领导。涅罗诺夫不再反对尼康的经书改革后，在 1664 年春夏，即阿瓦库姆在莫斯科逗留期间，由于阿瓦库姆在教会问题上的坚定不妥协立场，他在历代虔诚的信徒中获得了最突出的地位。

起初拉扎尔和阿瓦库姆将所有精力放在改变沙皇甚至新牧首的观点上。他们给沙皇写呈文，希望以此影响沙皇，改变沙皇的观点，但是沙皇可能都没有看这些文章。写作这些呈文不仅仅是为了影响当权者，也是为了影响旧礼仪运动的信徒。它们通常是讽刺文章，只以手抄本而不是以印刷本的形式传送。虽然没有得到沙皇或者牧首对自己信件的回应，但是普斯塔杰尔斯科的囚徒并没有气馁。他们仍旧经常和首都以及俄国其他地方保持联系。一些警卫被这些旧信仰领袖的精神感动，帮助他们将信函和呈文转寄出去，使得它们分散到全国各地。这些呈文一开始在普斯塔杰尔斯科流行起来，后来开始在梅津和其他地方流行开来。

1667 年最后的决裂之后，旧礼仪派为适应新的环境，开始组织新的教会生活形式，并且在条件不充足的情况下创造性地完成了他们现在的礼仪环节。早期旧礼仪派导师面前有两条道路：一条是支持保存了所有教会礼仪的传统教会生活形式，他们希望从俄国教会的神甫那里得到这些教会礼仪，因此在内心深处承认尼康的按手礼和教会本身存在的恩典；另一条道路是完全和教会分离，拒绝神甫们，认为整个教会和整个基督教世界落到了敌基督的权力之下。17 世纪最后 10 年旧礼仪派分裂为两个方向，一个沿着保守方向发展，保留了神甫，称为教堂派（поповский）；另一个沿着激进方向发展，否认神甫制度，称为反教堂派（беспоповский）①。1667 年至 1690 年初，这两个方向没有明确分化，但他们的神学分歧已经初露端倪了。

费奥多尔是反教堂派的先驱，他写了很多著作，一直强调从修订经书开始，神甫就不再是真正的神甫，特别是 1666~1667 年大公会议之后，神甫就是敌基督的一部分。他对沙皇的态度仍算是比较缓和，与其他三位的合作时间并不长。

费奥多尔与阿瓦库姆之间的分歧很大。如果说费奥多尔是反教堂派信徒的领袖，那么阿瓦库姆则是教堂派的导师。1666~1667 年的宗教会议使阿瓦库姆成为反对尼康改革者之中最忠诚和最有名的人物。

阿瓦库姆非常关心教徒，希望旧礼仪支持者保留神甫，对待国家和俄国教会的态度相对温和，这使得他成为未来旧礼仪派教堂派的先驱者，但同时他的作品中也有和激进分子接近的

---

① "教堂派"和"反教堂派"根据俄文字面意思，也可直译为"神甫派"和"无神甫派"。

特点，这点妨碍了他学说的和谐一致性。

当时在伏尔加河沿岸，紧接着在俄国北部有一些自焚事件，这些自焚并不是阿瓦库姆的学生所宣扬的，而是极端禁欲主义派领袖卡皮通（Капитон）的追随者制造的，阿瓦库姆完全可以谴责和制止这些行为。但是他在他们身上看到了对俄国旧信仰忠诚的证据，非但没有谴责这些事件，甚至还以此暗示人们俄国历史上早期殉道者的有关事件，在神学上为自焚事件辩护和祝圣。他的这种态度给他的布道蒙上了阴暗的色彩。

俄国史学家这样评价道："尽管阿瓦库姆有文学天赋且博学多才，但是他的神学教育不够，缺少方法论，不擅长系统的文学理论工作，这妨碍了他在俄国东正教历史上占据像路德和加尔文在西方那样的地位。"① 他进行斗争的唯一动机是对上帝和宗教理想毫不怀疑的忠诚。他是乐观主义者，对自己拯救旧信仰的使命深信不疑。从他的几次呈文中可以看出他对沙皇的态度是极其尊敬的，一直对沙皇回归旧礼仪抱有希望。直到1670 年他对沙皇的态度才发生极大的变化。

为了压制普斯塔杰尔斯科中心与莫斯科的联系，特别是和开始动荡的北部顿河的联系，同时为了劝诫、调查旧礼仪派信徒，必要时也为了惩罚他们，沙皇派遣骑兵伊万·叶拉金（Иван Елагин）到了那里。在叶拉金的积极劝导下，阿瓦库姆的儿子们忏悔了，并且同意接受新礼仪。圣愚费奥多尔，被阿瓦库姆称为自己的可爱教子，断然拒绝向所有新经书及章程妥协，立刻被绞死了。

来到普斯塔杰尔斯科之后，骑兵头目叶拉金要求四位被流放的旧礼仪派支持者接受三指画十字、新信经和其他礼仪新举措。在宗教会议上没有被劝服的四位旧礼仪派代表没有对叶拉金的威胁作出回应。在 1670 年 4 月 14 日，复活节后第一个礼

---

① Зеньковский С.А. Русское Старообрядчество. С.264.

拜天，阿瓦库姆写道："根据沙皇的指令，骑兵头目伊万·叶拉金将神甫拉扎尔、辅祭费奥多尔和长老叶皮凡尼从监狱带出来，他们走到指定用刑的地方，那里放着砍头架，准备好了一切折磨人的手段，刽子手已经准备好给他们用刑了。但是他们丝毫没有垂头丧气，而是带着愉快的神情祝福人们，和人们告别，他们在自己的祝福中很愉悦，毫不动摇地站立着，为了忠于祖辈的传统接受死亡，他们对人们说，'不要被尼康的学说迷住！我们为真理而受难和牺牲！'"但是这次他们没有被处死。阿瓦库姆再次被饶恕了，而叶皮凡尼、拉扎尔和费奥多尔则遭受残酷的刑罚，伊万·叶拉金下令"由于他们的话语割掉他们的舌头，为了十字架砍掉他们的手"。①

在这次"普斯塔杰尔斯科判决"之后，这四位囚徒的生活状态就被完全改变了。在这之前他们住在当地居民的小木屋中，彼此经常交流，并且经常和当地居民和旅行者见面。现在为了禁止他们出来相互交流，他们被关在不同的地窖中，出口被堵住并且填平了。这些地窖监狱的环境非常恶劣。

地窖监狱的墙上只留下一小扇窗户用来送食物和排放烟雾，他们可以和卫兵说话，能够观察到周围极地世界的一小部分。后来这些窗户被扩大了，因此囚犯们又可以偶尔彼此交流，甚至讨论和争论自己的作品。尽管监禁的条件非常可怕，普斯塔杰尔斯科的这四位旧礼仪派领袖在地下黑暗中创作了很多神学和文学作品，其中也包含古俄国文学的杰作，比如阿瓦库姆的自传和叶皮凡尼的自传体式的行纪。

俄罗斯历史学家对他们当时的生存环境和生活状态进行了描述：尽管看守他们的士兵非常同情他们，但是也没能让他们

---

① Зеньковский С.А. Русское Старообрядчество. С.243. 另参见 Крамер А.В. Раскол русской церкви в середине XVII века, СПб.: Алетейя, 2014. С.229., 有的人被砍掉右手，有的人被剁掉四根手指。

阿瓦库姆雕像，B.克利科夫（B. Клыкова）创作，1991年，在旧礼仪派殉道者阿瓦库姆的家乡布尔什穆拉什金斯克区的格里戈罗夫村（Григорове Большемурашкинского）落成。阿瓦库姆雕像手中的卷轴上引用了其《致"忠诚者"》中的一句话："兄弟们，我的光！请原谅我这个罪人，并为我祈祷，上帝会原谅并祝福你们，让我这些有罪的祝福永远与你们相伴。"图片来源：https://ngounb.ru/?p=14553。

避免恐怖的监禁，他们一人被关在一个地窖里——长一俄丈①，深度为一人高，上面盖着带窗户的木头。"春天地窖经常被水淹没，冬天炉子的烟雾熏着眼睛，使人窒息。叶皮凡尼的眼睛生脓很厉害，经常会看不见。""他们被关在黑暗的监狱里，每天只能得到 1.5 磅劣质面包，和少量克瓦斯，这样他们没完全失去能量。"

他们没想过逃跑，他们所有的思想和愿望都是为了旧礼仪派斗争，趁着手还能拿起笔，眼睛还能看到纸。他们当然明白判处他们死刑的命令随时可能从莫斯科发来，并且会立刻执行。他们不惧怕即将到来的死刑的精神成了后来成千上万的自焚者的榜样。

在这种非人的环境下，阿瓦库姆、叶皮凡尼、拉扎尔和费奥多尔"在紧密的互相影响和创作合作下工作着，在这里组织了真正的文学学校。他们为广大的农民读者群体创作了作品，通过专业的写作人员以及他们的读者——旧礼仪派信徒，复制和传播了他们的作品"。

他们的威信如此之高，以至于"来自俄国其他地方的他们作品的副本又传到作者手中让他们验证（正确与否）。一些普斯塔杰尔斯科被囚作家验证过的书籍被保留了下来"。②

当权者知道了普斯塔杰尔斯科的文学互动，明白了其重要意义，然后试图阻止。政府下令加强看守，实行严格的监禁制度，但是并没有起到作用。"他们在过度严酷的环境下被囚禁了 14 年，缺少书籍、纸张和墨水，被迫在夜里秘密交谈，普斯塔杰尔斯科的囚徒创作了大概 100 篇独一无二的政论作品……

---

① Сажень，俄丈，俄国旧长度单位，约等于 2.13 米。

② 参见 Крамер А.В. Раскол русской церкви в середине XVII века, СПб.: Алетейя, 2014. С.224–226.

这种情感充沛、艺术形象丰富的文学作品对俄国读者产生了巨大影响，尤其是数百万农民……普斯塔杰尔斯科的'坐着的人'成功地将自己和自己的作品置于占统治地位的东正教会机构的对立面，在他们对面有成百上千的人——作家、修订者、翻译和图书馆员，最重要的是强大的国家印刷厂"。①

　　对普斯塔杰尔斯科囚犯的判决发生在俄国南部和东南部动荡的时期。从1667年斯坚科·拉辛（Стенько Разин）离开顿河，在里海北岸建立了哥萨克小城以突袭波斯以后，整个西南俄国和乌克兰就动荡起来了。1669年末拉辛回到顿河，在那里夺取了权力，次年春天他出发参加新的远征，但是这次远征不是针对波斯人，而是针对全罗斯的大贵族和地主。正好在普斯塔杰尔斯科判决的前夕，1670年4月13日，他的军队占领了察里津，夏天和秋天，暴动从沃罗涅日（Воронеж）扩大到卡马（Кама），从阿斯特拉罕蔓延至下诺夫哥罗德的雷斯科夫（Лысков）——阿瓦库姆曾经在那里担任神甫。9月，萨兰斯克（Саранск）和奔萨（Пенза）陷落了，起义从哥萨克乌克兰转移到俄国的最中心。在起初的胜利过后，失败来临了。1671年4月14日，拉辛被捕了，然后被交到莫斯科判决。拉辛起义事件本身在宗教上是中性的，但是许多旧礼仪派的支持者参加了起义。有资料记载了发生在这时的自焚事件，在下诺夫哥罗德地区，特别是阿瓦库姆出生的古特马河（Кудма）岸边有将近2000人自焚。由于拉辛起义的爆发，政府加强了对旧礼仪派信徒的打击力度。镇压所有反政权和反教会叛乱分子的浪潮也席卷了莫斯科和其他没有受拉辛分子波及的城市。在此期间，大批旧礼仪信徒被烧死。

---

① Бубнов Н.Ю. Старообрядческая книга в России во второй половине XVII века, СПб 1995. C. 231–233.

第三节　各地旧礼仪派信徒的联系枢纽——莫斯科

与以往一样，妇女团体在宗教动乱中发挥了重要作用。阿瓦库姆的学生是著名的大贵族：莫洛佐娃和她的妹妹乌鲁索娃（Урусова），还有她们的朋友丹尼洛娃（Данилова）。这三位女贵族，按照阿瓦库姆的话说，组成了"三位一体，三者统一体"。[1]1662年莫洛佐娃的丈夫去世，自此莫洛佐娃离开了她在上层社会的所有关系，把大量财富用于为旧礼仪派服务。她为抗议者开办了收容所。在莫斯科，旧礼仪支持者的主要聚会中心是女贵族莫洛佐娃家。在宫廷中短暂失宠后，莫洛佐娃于1666年末重新获得权力。她的"家变成了一座真正的旧礼仪派小修道院"。[2]这里会聚了来自其他地方的在1666~1667年宗教会议之后得以保持自由的旧信仰主要拥护者。此外，被逐出修道院的修女们也聚集到这里支持旧礼仪书。阿瓦库姆在莫斯科时很乐意停留在这里。他对他喜爱的"三位一体"说："你们是我这个老人的拐杖和支柱"。[3]

莫洛佐娃家中收留的旧礼仪派支持者中有当时比较有名的思想家阿法纳西（Афанасий）。成为修士后他化名阿夫拉米（Авраамий）。尽管他很尊敬费奥多尔，在很多方面都追随他的学说，但是他对俄国事件和将来发展的态度比辅祭费奥多尔更加悲观。他的著作引用了很多主要来自《基里尔书》（Кириллова Книга）的内容，认为世界末日很久之前就被预言会在不幸的1666年来临。他毫不怀疑敌基督将会出现在俄国，认为俄国是捍卫基督教纯洁信仰的最后一个国家。

---

① Карташев А.В. Очерки по истории русской Церкви (том 2). М:ТЕРРА-TERRA, 1992, С.167.

② Зеньковский С.А. Русское Старообрядчество. С.238–239.

③ Карташев А.В. Очерки по истории русской Церкви (том 2). М:ТЕРРА-TERRA, 1992, С.168.

在阿夫拉米看来，尼康的改革是毫无意义和居心叵测的。在和沙皇说话时，他经常相当有逻辑地重复阿瓦库姆的观点：如果旧信仰不好，那么以前的沙皇们也成了背教者；如果他们是真正的东正教信仰者，那么现在的沙皇就成了真基督教的迫害者。召开宗教会议的 1666 年是不祥的一年，是约翰"启示录"、金口约翰的文章、耶路撒冷的基里尔和其他教父的预言里世界末日降临的一年，因此在他的眼中成了人类基督教历史上免受敌基督统治的最后一年，成了最后一个基督教王国——"莫斯科第三罗马"的最后一年。在他的眼中，莫斯科从"第三罗马"变成了已经打败其他国家的敌基督的王国。在阿夫拉米之前，还没有人确信俄国灭亡了，沙皇成了不荣耀的背教者，无论在俄国，还是在世界各地，都没有了"沙皇、大公和东正教的圣主教"。阿夫拉米预见不远的将来会有自然灾害和社会灾难。他的学说具有宣扬切断社会秩序基础的无政府主义特点。俄国学者认为，"因为社会和教会已经出现了严重的紧张不安的状态，阿夫拉米的学说近乎号召暴动和叛乱，对于国家而言是非常危险的"。[1]

尽管阿夫拉米对新的思潮很厌恶，但他自己也陷入了其影响。他不仅写末世论的论著，并且也写当时开始流行的前后呼应且押韵的诗，这些诗正好是他如此憎恨的西方、波兰和基辅文化影响的表现之一。

阿夫拉米在 1670 年 2 月 6 日被捕，遭受了殴打逼供，其间写了呈文、信函和政论体小说，编写了志同道合者的作品集，继续与普斯塔杰尔斯科囚徒通信，直到 1672 年 4 月被烧死。[2]

---

[1]　Зеньковский С.А. Русское Старообрядчество. С.240–241.

[2]　Словарь книжников и книжности Древней Руси. Вып.3. Спб 1992–1998. С.138–139.

女贵族莫洛佐娃家另一位很重要的客人是修士多西费（Досифей），阿瓦库姆、拉扎尔和费奥多尔被捕后他成了旧礼仪派地下活动最积极的组织者之一。他幸运地逃脱了审判和流放，经常来莫斯科，组织配合旧信仰支持者的工作。在一次到访莫斯科的时候，大约是 1670 年 12 月 6 日，他给莫洛佐娃剪发了，莫洛佐娃就成了修女费奥多拉（Феодора）。女贵族的家中汇聚了联系普斯塔杰尔斯科、莫斯科、北方沿海、西伯利亚和顿河的线索和信息。而旧礼仪派的领袖当中，像多西费一样仍处于自由状态的还有神甫尼基塔·多勃雷宁、黑辅祭费奥多尔、神甫普罗科皮·伊万诺夫（Прокопий Иванов）、莫斯科神甫科济马（Козьма），以及阿基金（Акиндин）神甫等人，他们现在非常谨慎，但是仍旧和贵族修女家保持着联系。莫斯科社会的上层人士对待旧礼仪派更加谨慎和消极。宫廷贵族中只有几位女士，主要是来自莫洛佐娃朋友圈子中的女士不害怕表现出对旧信仰的忠诚。在当时俄国上层人士中，很少有男性冒被驱逐的风险支持旧礼仪派，没有人公开表达自己对旧信仰与礼仪的忠诚。显然在当时，信仰已经不是决定莫斯科名人和贵族举止的主要因素了。

1669~1670 年非常不平静。当时俄国外部环境很动荡。顿河畔的哥萨克正准备发起一场对抗莫斯科政府的大争斗。小罗斯（乌克兰）的情况更加复杂，在其各个边界，都聚集着多罗申科（Дорошенко）领导的克里米亚半岛的鞑靼人和查波罗什哥萨克，他们对俄国的态度都不友好。当时俄国和波兰、瑞典关于永久和平的谈判本来应该签订下来，却被永久搁置了。俄国南方类似的无政府状态和国家边界上的其他军事危险促使政府思考整顿首都内部的秩序，展示自己对待还不顺从的教会抵抗分子的果断性。从普斯塔杰尔斯科的囚犯那里寄出的书信、呈文和论著，对索洛维茨基修道院持续的封锁，还有阿夫拉米满腔热情地宣扬整个政府都已陷入敌基督的影响，这一切都表明尽管宗教会议已经作出决议，但是教会反对派仍在积极活动，这对于国家的宗教统一和安定来说越来越危险。

　　为了国家的统一和安定，政府决定进行大"清洗"。这次大"清洗"的第一个牺牲者是启示录的宣扬者阿夫拉米，政府认为他是普斯塔杰尔斯科人在莫斯科的主要代表是有一定依据的。1670 年 2 月 13 日夜里，逮捕阿夫拉米的时候，当局在他这里找到了费奥克蒂斯特（Феоктист）、安东尼（Антоний）和涅罗诺夫的作品，以及前不久收到的来自普斯塔杰尔斯科的阿瓦库姆和费奥多尔的信。在都主教保罗亲自领导的调查下，有证据证明阿夫拉米和普斯塔杰尔斯科的领袖密切保持着联系。以都主教保罗为首的神职人员一直尝试让阿夫拉米改变观点，但以失败告终。1670 年 8 月 13 日阿夫拉米被革除教籍，关进国家的新监狱中，于 1671 年或 1672 年的冬季被烧死了。无论阿瓦库姆在普斯塔杰尔斯科的时候，还是阿夫拉米在莫斯科监狱时，他们都在警卫队中收获了朋友，虽然处于监禁中，但他们仍能和志同道合者保持联系，尤其是和莫洛佐娃家保持联系。

　　由于沙皇对皇后的怀念，莫洛佐娃一直受到保护。尽管玛丽亚·伊利尼奇娜（Марья Ильинична）皇后在 1669 年就去世了，莫洛佐娃相对平静地度过了大"清洗"的最初几年。与她一起保持旧信仰的还有叶夫多基娅·乌鲁索娃（Евдокия Урусова）公爵夫人和骑兵上校的妻子玛丽亚·丹尼洛娃（Мария Данилова）。1670 年末，根据资料记载可能是 12 月 6 日，女贵族莫洛佐娃成了修女。1671 年 1 月 22 日她拒绝参加沙皇和其新皇后的婚礼，这使得娶了新皇后便很快忘记自己亡妻的沙皇忍无可忍。在他的命令下，一个接一个的宫廷代表和神职人员代表来劝说莫洛佐娃放弃旧信仰。得知莫洛佐娃失去沙皇的恩宠后，叶夫多基娅·乌鲁索娃公爵夫人陪伴她度过了大部分的时间，而玛丽亚·丹尼洛娃和别列夫斯基（белевский）修道院的修女按照莫洛佐娃的命令离开莫斯科隐藏起来了。1671 年 11 月 14 日夜里，和旧礼仪派信徒打交道很有经验的丘多夫修道院的修士大司祭约阿基姆（Иоаким）带着自己的同事来到莫洛佐娃家。在回答他们提出的各种问题时，莫洛佐娃展示了两指画十字，仅仅说道："坚持信仰。"看到莫洛佐娃如此顽固，约阿基姆下令将她和乌鲁索娃监禁在家，并且戴上镣铐。一开始的审问是比较平和的，但是莫洛佐娃毫不动摇地坚持旧礼仪。劝说从凌晨 2 点持续到上午 10 点，但是没有任何结果。在这次审问之后，女贵族的命运就确定了。她戴着镣铐被转移到佩切尔斯基（Печерский）修道院，而乌鲁索娃公爵夫人被转移到阿列克谢耶夫斯基（Алексеевский）修道院，她们都处于严密的看守之下。这时候她们的朋友玛丽亚·丹尼洛娃试图逃离首都，但在隐藏起来的时候被逮捕了。

尽管看守很严格，莫洛佐娃在狱中依旧保持和外部世界的联系。她的仆人经常看望她，给她带来食物和衣服。她的许多朋友都来到修道院。在友人和志同道合者的帮助下，莫洛佐娃甚至还能够在自己忠实的老朋友修士大司祭约夫（Иов）那里领圣餐，他是利戈夫（Льгов）修道院的院长，后来成为顿河有名的旧礼仪派活动家。大司祭阿瓦库姆从远在普斯塔杰尔斯科的监狱写来书信，在精神上支持三位蒙难者。

1672 年初意志薄弱和缺乏影响力的牧首约阿萨夫二世（Иоасаф II）去世了，同年 6 月 7 日诺夫哥罗德的都主教皮季里姆（Питирим）接替了他俄国教会领导的位置，在尼康和沙皇斗争的时期，他就觊觎牧首的位置。当时他还是忠实于旧礼仪派信徒的朋友，无论他们的信仰是什么，他都不愿迫害莫洛佐娃、阿瓦库姆和其他旧信仰支持者。因此他建议沙皇释放莫洛佐娃，并让她的狱友恢复自由。

С.А.津科夫斯基认为皮季里姆的做法是正确的。他分析到，将坚定自己信仰的莫洛佐娃和其朋友们监禁起来给莫斯科乃至全俄国人民留下了深刻印象，与其说起到威吓的效果，不如说吸引了一批新的人信仰旧信仰。[①]但是沙皇仍旧不愿妥协。他对莫洛佐娃如此愤怒的原因不得而知，但是可以推断，皇后玛丽亚·伊利尼奇娜在世时他就不喜欢莫洛佐娃，这可能是因为皇后支持莫洛佐娃的旧信仰。

1674 年末这三位旧信仰捍卫者被带到亚姆斯基（Ямский）的院子中进行最后的劝说。在那里她们三位先后被吊到拷刑架上，又在一系列其他刑罚之后，赤裸着被扔到雪地里，然后被鞭子抽打。同时沙皇政府代表在莫斯科郊外的沼泽地为莫洛佐娃准备了用于自焚的篝火，但是大贵族们最终改变了沙皇的主意。

三天之后莫洛佐娃被转到了新圣女修道院，从那里又被带到哈莫夫尼奇（Хамовники）。当时沙皇的妹妹伊琳娜·米哈伊洛夫娜（Ирина Михайловна）站出来维护她。为了报复公主的求情，1674 年秋天沙皇阿列克谢·米哈伊洛维奇下令将莫洛佐娃等人转移到位于博罗夫斯克（Боровск）复活修道院的更加森严的监狱中。

在监禁期间，囚犯们不仅经历了肉体上的折磨，也经历了精神上的折磨。她们在博罗夫斯克被囚期间，是约阿基姆（Иоаким）担任牧首，他之前是丘多夫（чудовский）修道院的修士大司祭，后来担任诺夫哥罗德都主教。约阿基姆在1674 年 6 月 20 日成为俄国教会的首脑。他既不是旧信仰的支

[①]　参见 Зеньковский С.А. Русское Старообрядчество. С.248。

持者，也不是新信仰的支持者，而是"国家信仰"的支持者。他是沙皇铲除反对派的忠实武器。成为牧首后，在1675年的宗教会议上他成功地实现了1667年有关修道院指令的决议。他的主要任务之一就是重组宗教管理事务，在他担任牧首期间，主教管理部门，特别是宗教法庭上的世俗官员、地主都被神职人员代替了。而且他还修改了世俗权力在划分新的教会土地方面的实际问题。由于担心教会财产增长过快，国家禁止教会获得新的土地，并且这种禁令也适用于俄国南部和东部土地上快速重新形成的教会。他指出这种规定的荒谬性，坚持推行所有新教会分得相应土地的法律。由此看出，他是充满能量、精于教会管理的人，并且他将所有不服从他权威的人当成叛乱分子，残酷和坚决地惩罚他们。

约阿基姆牧首的牺牲者之一就是尼康，起初沙皇阿列克谢·米哈伊洛维奇想改变其命运，后来沙皇的儿子费奥多尔也想改善其境况。但是牧首约阿基姆不仅在1676年成功地将尼康转到条件更加严酷的白湖修道院中，并且在尼康死之前没有给他任何宽容。他对不受沙皇喜欢的莫洛佐娃、乌鲁索娃和丹尼洛娃同样非常残酷。在这三位姐妹转移到博罗夫斯克修道院不久，辅祭库兹米谢夫（Кузмищев）就被派往那里去了，他下令将三位囚犯的所有财物都没收，包括圣像和祈祷书。然后他下令烧死关在那里的另一位旧礼仪派信徒乌斯季尼娅（Устиния），将莫洛佐娃等人饿死。1675年9月11日乌鲁索娃公爵夫人由于耗尽体力第一个死去了。11月1日莫洛佐娃也死去了。一个月后，玛丽亚·丹尼洛娃也去往了另一个世界。

1676年1月29日，47岁的沙皇阿列克谢·米哈伊洛维奇就去世了，他的去世刚好发生在索洛维茨基修道院被毁灭一周后。旧信仰者认为沙皇的突然死亡是上帝对其歼灭修道院的惩罚。

《女贵族莫洛佐娃》，瓦西里·苏里科夫（Василий Иванович Суриков）创作，油画，1887 年，现藏于特列季亚科夫画廊（Государственная Третьяковская галерея）。油画描绘了女贵族莫洛佐娃被移送到处决地点的场景。她高举着手，如传统的画十字的方式那样，两指指向空中，这正是信仰分裂的象征。画中还有一位圣愚像莫洛佐娃那样两指举过头顶，是不可动摇的旧信仰的形象。

　　沙皇阿列克谢去世后，他的儿子费奥多尔·阿列克谢耶维奇登上了沙皇的宝座。费奥多尔的继位点燃了俄国旧礼仪派信徒回转教会政策的希望。这个消息刚传到普斯塔杰尔斯科，阿瓦库姆就给年轻的沙皇写了呈文。这位即将走到生命尽头的旧礼仪派领袖极尽对沙皇的赞美之言。但是在这篇决定阿瓦库姆和很多人命运的呈文中，阿瓦库姆对尼康和其改革表露了憎恨。新沙皇并没有使普斯塔杰尔斯科的受难者免于一死。1682年 4 月 14 日，在受难周五，由于对沙皇家族的诽谤，阿瓦库姆、拉扎尔、叶皮凡尼和费奥多尔被烧死在地窖中。这是按照莫斯科新牧首约阿基姆的决定执行的。

　　很多旧礼仪派信徒成了 1670~1680 年逮捕、迫害期间的牺牲者。阿瓦库姆的很多朋友逃离了莫斯科，转到地下。从首都逃离后他们经常或者暂时选择的躲避区域之一是波舍霍特涅（Пошехотнье），在这里发生了多起自焚事件。这是因为这个地方非常落后、荒芜，17 世纪 30 年代，卡皮通在这里开始宣扬禁欲主义。他的学生比较容易藏身该处，关于布道的信息很难进入莫斯科。除了卡皮通的追随者，当地也有很多旧礼仪的信仰者。除此之外，另一个自焚区在维亚兹尼科夫斯基森林（Вязниковкие леса），那里的首领是瓦西里·沃洛萨得（Василий Волосатый）。这两个区域是激进主义旧礼仪派信徒的聚集地。

自焚很快传到了诺夫哥罗德的边界——北方沿海地区，那里在 17 世纪 70 年代成了旧礼仪派运动的主要堡垒。该运动的主要中心是由基里尔修士所建的圣三一苏纳列茨基修道院（Троицкая Сунарецкая обитель），以及库尔任斯基修道院（Курженская обитель）。这两个修道院里有教堂，多西费院长经常在这里居住，因此他们对北方的分裂运动起了很大的作用。基里尔一生都是云游的僧侣，在 17 世纪的罗斯这种人很多。在 1670~1680 年，伊格那季（Игнаний），旧礼仪派极端主义的著名代表，拒绝圣餐礼和神甫的精神帮助，成了早期反教堂派的代表。除他之外，反教堂派的早期代表还有皮缅（Пимен）和根那季（Геннадий）。北方沿海地区，甚至整个俄国北部都非常适合旧礼仪派信仰的传播。一些堂区几乎处于中央宗教和世俗权力的控制之外，他们自己邀请神甫，自己建造了教堂，自己管理宗教和社会事务。堂区村社发挥着重要的管理功能。除了教会村社传统外，在北方反抗教阶的另一个重要原因是自古就有的自由倾向。在混乱时期他们就习惯于自己独立的事业，不喜欢中央集权化。

在顿河流域也有宣传旧礼仪的修士。一些旧礼仪派领袖与哥萨克的合作在这里取得了显著成就。在顿河流域，旧礼仪派的信徒们日益变得强大和勇敢，而忠于大牧首和莫斯科的神甫离开顿河，去了俄国北部。顿河北部的纯洁的旧礼仪派居民开始召集军队，准备保卫自己的村落和领袖不受沙皇军队的进攻。但是弗罗尔·米纳耶夫（Фрол Минаев）军队的回归使得旧礼仪派在顿河首府的统治结束了。许多旧礼仪派的支持者逃到古木（Куму）和北高加索。

7 年之后，在第一波哥萨克旧礼仪运动被镇压之后，布拉温（Булавин）重新开始反对"大公、地主"，为了统一的信仰而战，但是反抗被镇压了下去。70 年后，布加乔夫起义也被镇压了，但是顿河哥萨克和俄国东南区域的其他哥萨克保留了对旧传统的信仰，20 世纪之前很多哥萨克人仍旧忠于旧礼仪，以旧的眼光看待教会。

在西部，旧礼仪派的主要集中地区是乌克兰最北部的斯塔罗杜布地区（Стародубский полк）。1682 年反抗运动爆发之前这里的旧礼仪派人数还不多，但是正是这个地方像顿河一样，成了旧礼仪派保守主义移民的主要聚集地区之一。

1682 年爆发的莫斯科起义是旧礼仪派试图使俄国回归旧礼仪的最后一次大规模的反抗运动。

1676 年至 1689 年，沙皇阿列克谢死后坐上皇位的起初是少年继承者费奥多尔，然后是他的兄弟彼得和伊凡，他们的姐姐索菲亚想控制他们。曾为严肃、刚毅军人的约阿基姆是国家和宫廷活动家中最老和最有影响力的人物之一。约阿基姆成功地举办了 1681~1682 年宗教会议，政府在这次会议上研究了更宏伟的、几乎是革命性的教阶体系改革。1682 年沙皇颁布公文，赋予主教新的、更大的权力和分裂派作斗争。正是由于这些规定，阿瓦库姆和他的同道者在 1682 年被烧死了。约阿基姆是高级神职人员，是特权阶级的捍卫者，他反对世袭贵族，1682

年 1 月 12 日他支持政府消除地方主义。召开 1681~1682 年宗
教会议和消除地方主义是费奥多尔统治期间最后的也是最重要
的国家事件。1682 年 4 月 27 日沙皇费奥多尔·阿列克谢耶维
奇去世（阿瓦库姆去世后 13 天），由于没有指定继承人，国
家出现了新的混乱。同年夏天在莫斯科，人们开始起义反对公
主索菲亚·阿列克谢耶夫娜（Софья Алексеевна）的统治。
1682 年除了莫斯科人，还有很多旧信仰的支持者参加了起义。
在 14000 名骑兵中大约有一半是旧礼仪派信徒。旧礼仪派信徒
的运动成了当年莫斯科起义的组成部分。在 1682 年 5 月开始
的旧礼仪派信徒对抗官方教会的行动中，俄国社会对世俗权力
的抗议以宗教的形式反映出来了，但教会始终是支持世俗权力
的。骑兵一开始支持旧礼仪派信徒，但最后由于没有了精神和
军事领袖，很快便投降了。由于政府采取了一系列措施，大主
教成功地使首都最后的旧礼仪派信徒顺从了。大部分莫斯科及
莫斯科郊外的旧礼仪派信徒离开了处于严格控制下的城市，逃
到了森林等地。为了庆祝胜利，彼得一世开始了象征性的西
化，或者说宫廷和俄国社会的现代化。自此在外部，俄国拒绝
了古老的习惯、传统的文化，尽力将俄国从古老的莫斯科罗斯
变为新的、西方文化类型的国家。

第四章　旧礼仪派内部的分裂

在分裂已成事实，旧礼仪派受到政府沉重打压与驱赶，不再公开和激烈地与官方斗争以后，旧礼仪派内部的分歧开始凸显，传统的积极分子和激进的消极分子沿着 17 世纪 90 年代分裂出的教堂派和反教堂派两个方向各自发展起来。前者承认东正教教堂礼仪；后者则认为，由于敌基督的破坏，东正教会的宗教礼仪已经被歪曲了，因此否认东正教会的宗教仪式及教阶。[①]

第一节　旧礼仪派的内部分歧（末世论和敌基督）

对末世论、敌基督的不同看法造成了旧礼仪派的内部分裂。

虽然旧礼仪派信徒有共同的开端，但是他们的内部分歧在一开始就显现出来了。尼康的改革以及对旧礼仪派信徒残酷的迫害和杀戮在当时引起了人们不同程度的恐慌和骚动。许多基督徒认为世界末日很快就要到来，俄国已经陷于敌基督的统治下。当时的自然灾害又加重了人们末世论的思想。

俄国历史学家 A. 克拉默（А.Крамер）归纳总结了教堂派和反教堂派的主要分歧，指出其表现在对敌基督和神甫的看法不同上。

首先是敌基督的问题。敌基督在这个世界上存在吗？或者说人们还需要等待他出现？阿瓦库姆和辅祭费奥多尔认为，敌基督还没有出现，如果出现了，那么他将会统治三年半的时间。许多人认为，敌基督很早前就统治着异教世界，从 1666 年也开始统治俄国了。历史学家 A. 克拉默指出，对这个问题的不同看法部分决定了旧礼仪派信徒的行为和生活方式。比如，如果承

---

① 参见戴桂菊《俄罗斯传统的民间东正教——旧礼仪派》，见乐峰主编《俄国宗教史》（上卷），第 276 页。

认敌基督统治着世界，那么基督徒应该结婚或者生子吗？应该关心明天吃什么吗？甚至应该活着吗？诸如此类的问题出现了。

其次是对待神甫的问题。尼康改革之后（由于没有主教）神甫传统不可挽回地中断了吗？基督徒应该适应没有神甫的生活，即成为反教堂派信徒吗？或者如果有尼康派的神甫，他能够以原有的教职身份被接纳进旧礼仪派社会，并且按照尼康改革之前的书籍进行侍奉礼仪吗？他完成的奥秘会有效吗？阿瓦库姆在不同的文章中针对这个旧礼仪派将来命运最重要的问题给出了不同的回答。比如，他写道："如果神甫诅咒尼康的邪说和他们的礼拜，非常热爱古风，那么根据需要，现在他们也是神甫。没有神甫怎么行呢？可以去那样的教堂……如果（有人）由于无知陷入到这个被诅咒的尼康异教中，或者由于恐惧和害怕痛苦而陷入尼康异教，那么只要他在上帝面前忏悔，为自己的堕落而哭泣，对邪恶的异教感到恐惧，上帝将会在这个世纪和将来原谅他。我们的福音将永存。"[1] 但他也曾写道："不要和尼康分子来往，不要和异教徒来往，因为他们是上帝的敌人，是折磨基督徒的人，是吸血鬼，是杀人犯。"[2]

对这个问题不同的看法是导致旧礼仪派分裂为教堂派和反教堂派的主要原因。阿瓦库姆的不同回答被用于教堂派和反教堂派信徒 17 世纪最后 30 多年的内讧中。在 17 世纪末 18 世纪初，尼康改革之前的所有神甫都去世了，他们是旧礼仪派的创始者，因为他们没有自己主教，不能按立新的神甫，这样旧礼仪派就没有神甫了。

尽管阿瓦库姆的观点有互相矛盾的地方，但是俄国历史学家认为，"阿瓦库姆在精神和肉体上都生活在濒临死亡的高度

---

[1] 参见 Крамер А. В. Раскол русской церкви в середине XVII века, СПб.: Алетейя, 2014. С.242–243。

[2] Зеньковский С.А. Русское Старообрядчество. С.271.

紧张中，他没有发现这些信中的矛盾之处"[1]，因此并不能因为信中有矛盾的地方就认定这些信是伪造的。

一　敌基督论

根据《圣经》的记载，基督再临之前会有末日出现，而敌基督就是在这时出现的，是末世的征兆之一。耶稣指出，末日来临时会发生很多不好的事情，会有战争、背叛、自然灾害、教会受迫害、假基督甚至是假弟兄的出现。

《马太福音》第 24 章第 3~31 节记载了耶稣回应门徒末世来临之前的征兆问题。

> 耶稣在橄榄山上坐着，门徒暗暗的来说："请告诉我们，什么时候有这些事？你降临和世界的末了，有什么预兆呢？"耶稣回答说："你们要谨慎，免得有人迷惑你们。因为将来有好些人冒我的名来，说：'我是基督'，并且要迷惑许多人。你们也要听见打仗和打仗的风声，总不要惊慌，因为这些事是必须有的，只是末期还没有到。民要攻打民，国要攻打国，多处必有饥荒、地震。这都是灾难的起头。那时，人要把你们陷在患难里，也要杀害你们；你们又要为我的名，被万民恨恶。那时，必有许多人跌倒，也要彼此陷害，彼此恨恶，且有好些假先知起来，迷惑多人。只因不法的事增多，许多人的爱心，才渐渐冷淡了。惟有忍耐到底的，必然得救。这天国的福音，要传遍天下，对万民作见证，然后末期才来到。"（《马太福音》24：3~31）[2]

---

① Крамер А. В. Раскол русской церкви в середине XVII века, СПб.: Алетейя, 2014. С.243.

② 本文所引用的《圣经》内容为中文和合本译文。

《圣经》中共有四处明确提到"敌基督"，从中可以得知敌基督是指基督的反对者，不承认耶稣是基督，否认或者歪曲基督教的主要教条，在末日前到来。

> 小子们哪，如今是末时了。你们曾听见说，那敌基督的要来，现在已经有好些敌基督的出来了。从此我们就知道如今是末时了。（《约翰一书》2：18）
>
> 谁是说谎话的呢。不是那不认耶稣为基督的吗。不认父与子的，这就是敌基督的。（《约翰一书》2：22）
>
> 凡灵不认耶稣，就不是出于神。这是敌基督者的灵。你们从前听见他要来。现在已经在世上了。（《约翰一书》4：3）
>
> 因为世上有许多迷惑人的出来，他们不认耶稣基督是成了肉身来的。这就是那迷惑人，敌基督的。（《约翰二书》1：7）

历史上，俄国和西方都有很强的末世情绪。在基督教的观念中世界的历史存在在时间上是有限的。起初，东方和西方的神学家都认为末世会在 7000 年来临，在基督教观念中上帝的一天是人间的 1000 年，上帝之国的七天之后就是新天新地。根据推算，公元 1492 年被认定为《圣经》中记载的 7000 年，是末世到来的一年。但是公元 1492 年结束了，末日并没有到来。因此一些神学家又指出末日会在 8000 年，即公元 2492 年到来。也就是敌基督会在公元 1492 年和 2492 年间到来并统治世界。① 在"第三罗马"思想的影响下，俄国人认为俄国是世界上最后一个基督教王国，俄国的君主和莫斯科大公的后代都将

---

① 参见 Зеньковский С.А. Русское Старообрядчество. С.61。

自己看成罗马帝国的继承人，罗斯灭亡了，世界末日也就来临了。这样无论是时间上还是空间上，敌基督都具备了会出现在俄国的理论依据。

据记载，1654年一种世界性的流行病在俄国肆虐开来，为了躲避它，活着的人们逃到不同的地方，许多城市成了空城。而死于瘟疫的人们无法安葬，尸体腐烂，臭气污染了空气，进一步加强了传染病的传播。树木全部都死了。这种灾难导致人们无法播种，很多田地都没有种上庄稼。因此新的不幸随之而来：整个国家都闹饥荒，物价上涨。接下来又迎来了寒冬，可怕的暴风雨和冰雹袭击了大地……这些灾害对基督徒影响巨大，他们认为这是上帝的审判。当时人们彻夜地祷告，妇女和儿童不停地哭泣，一些基督徒躺在棺材中等待基督的第二次来临。①

由于先知预言世界末日前会出现敌基督，当时的许多信徒便认为牧首尼康就是敌基督，并且在尼康身上找到了很多征兆。根据《诗篇》记载，敌基督将是真正基督徒的残忍迫害者。尼康有"大君主"的称号，按照圣父的预言，敌基督应该降临在耶路撒冷，而尼康在莫斯科郊外创立的复活修道院，名称就为"新耶路撒冷"，如此种种使得这部分人更加确信自己的观点。但是当时比较有名的神甫首先否定了尼康是敌基督的这种观点，仅仅承认他是敌基督的魂，而不是敌基督本身。报喜教堂的辅祭费奥多尔在监禁时写道："现在还没有敌基督，我们看不到也听不到——请不要惊恐。如果你们认为尼康是敌基督——不，兄弟们，不是的。大家应该一起证明真理。敌基督将会是沙皇，而不是牧首。尼康不是敌基督自身，而是他身边的助手。"另外一位受难者拉扎尔神甫也是这样评价尼康

---

① Мельников Ф.Е. Краткая история древлеправославной церкви. С.124.

的。修士大司祭阿瓦库姆写道："尼康远不是最后一个敌基督，什么敌基督也没有。末日和敌基督还没有来临，他还没有存在过"。①尼康离开牧首宝座之后受到了谴责，重新变成了普通修士，成了没有权力、意志薄弱的被流放者，这时所有人都清楚了，尼康不是基督再次降临时出现的最后敌基督。

在基督教的最初时期，当基督徒受到无情的迫害时，许多基督徒相信，世界末日将要来临，并指出罗马皇帝尼禄②是敌基督。因此现在，由于尼康被流放之后，沙皇对基督徒的迫害并没有停止，一些旧礼仪派信徒开始认为，俄国皇帝彼得一世是敌基督。俄国学者Ф.Е.梅利尼科夫认为，这种观念是错误的，因为彼得之后又过去了两百年。

但是这种敌基督统治的思想深深地渗入人们的意识，混乱时代不停休的迫害经常加强这种思想，使其很难被消除。敌基督成了自古以来就存在的具有某种共性的个体，甚至从使徒时代起，就出现了伪学说和其追随者，比如那时候认为残酷地迫害基督徒的残忍暴君是敌基督。有关这种集体的、存在多个世纪的敌基督和他统治世界的学说此时有了新的发展，并在旧礼仪派中心造成了分裂。③旧礼仪派中较为激进的一部分人认为末日将要到来，敌基督已经控制了俄国社会。与关于敌基督的新观念一起出现的是有关神甫的学说。一些旧信仰者开始确信，神甫最终不可逆转地死亡了，因为没有了真正的神甫，一切所谓的神甫都成了敌基督的仆人。因此，人们可以过没有神甫的生活，这样在旧礼仪派中间就出现了

---

① Мельников Ф.Е. Краткая история древлеправославной церкви. С.124.

② 尼禄·克劳狄乌斯·德鲁苏斯·日耳曼尼库斯（Nero Claudius Drusus Germanicus，37年12月15日~68年6月9日），古罗马帝国的皇帝，54~68年在位。

③ Мельников Ф.Е. Краткая история древлеправославной церкви. С.124.

反教堂派。

　　由于人们所认为的敌基督一再被否认，他们不能指定谁是敌基督，但是又认定末世确实已经来临，这样在末日已来临和敌基督是谁之间出现了矛盾。此时人们就需要在精神上理解敌基督，而不是感官上。一部分旧礼仪派开始确信作为个体的敌基督本身不会来到，但是他统治的王国来到了。这种精神上的敌基督可以说是旧礼仪派走向分裂的最重要原因。

　　教堂派信徒确信，敌基督将会是感官的，是具体的人，他们引用了大马士革的约翰所著的《东正教信仰的准确描述》为证。

　　　　这样，不是恶魔本身成了人，类似于上帝的化身，不是的。是一个由私通而生的人，接受了撒旦的全部行为。因为上帝事先清楚他未来的堕落，允许魔鬼住在他里面。因此，正如我们所说，他由于私通而出生，秘密地接受教育，突然成长起来，反抗并统治世界。[1]

　　反教堂派则认为牧首尼康教会改革以后真正神甫的继承性就永远终止了，真正的教会已经不存在了，《圣经》中预言的末日已来临，精神上的敌基督开始统治世界，而世界末日之前敌基督会统治三年半的时间只是一个比喻的说法。与官方教会中断了所有联系之后，反教堂派信徒直接称官方教会为敌基督教会，因为自 1666 年起，"与基督，世界的拯救者脱离之后，官方教会开始信仰敌基督，崇拜敌基督，侍奉敌基督，他所有

---

[1]　Иоанн Дамаскин. *Точное изложение православной веры, Глава 26 (99). Об антихристе*, https://azbyka.ru/otechnik/Ioann_Damaskin/tochnoe-izlozhenie-pravoslavnoj-very/4_26.

的圣事礼仪都是污秽的，教会的首脑是自 1666 年在思想上和精神上开始统治世界的敌基督，就像肆无忌惮地背叛的魔鬼，永恒毁灭的魔鬼"。①

针对敌基督本性问题的争论自 17 世纪末期一直没有停止，甚至到了 20 世纪双方仍旧对此问题各执己见。

1731 年 5 月 12 日，教堂派和反教堂派聚集到莫斯科交换了彼此的《信仰书》。教堂派信徒在其《信仰书》中这样写道："敌基督来临之前，先知以诺和以利亚以及神学家约翰会到来，揭露这个有躯壳的敌基督。根据先知的话语，福音书和圣徒的布道，我们认为敌基督的秘密在使徒时代就开始在世间显现，当时机成熟时，敌基督以可见的人的形象显现出来。关于敌基督的统治时间我们认为，尽管他的淫威从古代就开始显现，但是最后他将统治三年半的时间；但是《圣经》没有清晰地指明是哪个世纪。"② 而反教堂派信徒在其《信仰书》中则认为精神上的敌基督已经控制着世界了。

直到 1913 年 10 月 27 日第三届敌基督观主题会议，双方在此问题上仍无法达成一致。教堂派学者说道："最后的敌基督，不是某个集合人物也不是某种抽象概念，而是敌基督自身……"③ 而反教堂派学者同样对此予以反驳，认为他的对话者没有深入理解有关问题。

反教堂派信徒中只有救世主派（нетовцы）④ 坚持敌基督

---

① Булгаков С.В. *Справочник по ересям, сектам и расколам*, https://azbyka.ru/otechnik/sekty/spravochnik-po-eresjam-sektam-i-raskolam/.

② Нина Лукьянова. *О чувственном и духовном антихристе*, http://ruvera.ru/articles/o_duhovnom_antihriste.

③ 同上。

④ 该派信徒认为祈祷并不能救赎，只有救主知道怎样拯救或者被拯救，因此他们有时称自己为救主派或者救主分子。救世主派没有教堂，也不举行任何宗教仪式。由于否定一切圣事，该派还被称作"否定派"（нетовство）。

是《圣经》字面意义上的某个人。在旧礼仪派小教堂派[1]信徒中也有对敌基督属性的不同理解：一些人认为是精神上的，另一些认为是感官上的。在一些地区，小教堂派信徒认为"敌基督是人，是真正的撒旦，他将会到来，或者在不久前已经到来了，在末日的时候与人类公开斗争，使其臣服于自己，在基督二次来临前控制三年半的时间，然后和所有被迷惑的一起走向永恒死亡"。[2]

旧礼仪派内部思想的分歧反映在了教堂派和反教堂派的圣事礼仪上。在东正教会中有七大圣事[3]，分别为洗礼、敷圣膏礼、圣餐礼、忏悔礼、婚礼、涂圣油礼和授职礼。尽管反对尼康的改革，教堂派仍旧承认这七大圣事，而反教堂派只承认洗礼和忏悔礼。

教堂派认为敌基督是可见的、具体的人，还没有到来，世界还没有完全处于敌基督的控制下，因此相信神甫主持的七大圣事礼仪的奥秘；而反教堂派认为上帝的恩典在教会中消失了，因此神甫和其主持的圣事礼仪的奥秘都不存在了。反教堂派确信精神上的敌基督已经到来，并且统治着官方教会，官方与支持它的政府一起变成了"敌基督的军队"。他们认为恩典枯竭了，神甫们不在了；根据东正教的学说，如果缺少神甫，在特别困难和非常的条件下，可由平信徒完成洗礼和忏悔礼这两件圣事。

随着时间的流逝，教堂派和反教堂派之间心理上的差别也逐渐产生了。教堂派希望恢复尼康前的"圣洁罗斯"，而反

---

① 19世纪上半叶从逃亡的旧礼仪派（教堂派）中分离出来。详见后文。

② Нина Лукьянова. *О чувственном и духовном антихристе*, http://ruvera.ru/articles/o_duhovnom_antihriste.

③ 俄文为 семь таинств，又译七大奥秘。

教堂派想与最终战胜"圣洁罗斯"的敌基督（在这之后他战胜了整个世界）断绝来往。反教堂派自然在日常生活中就不参与"受敌基督控制"的俄国社会生活，因此反教堂派的内部生活几乎不为其他俄国人（无论是尼康派还是教堂派）所知，信徒犹如居住在高高的围墙内，在生活和信仰上都几乎没有对周围人产生影响。相反，教堂派积极地参与俄国社会生活，在20世纪初，教堂派信徒甚至还是国家杜马的代表，他们是从所在地区被大部分居民合法地选举出来的。除此之外，"19世纪末和20世纪初的宗教复兴运动在很大程度上应该归功于这个保守的旧礼仪派'教堂派'，在日常生活中他们比俄国主教公会更严格地要求自己"。①

俄国学者指出，如果旧礼仪派信徒能够在第一时间聚集到一起商讨出现的教会问题，在思想和概念上达成共识，那么可能就不会有分裂。但是他们不得不躲藏到森林和荒漠中，居住在一切都很匮乏、充满灾害和不幸的环境中，并且经常处于恐慌和逃跑状态，因此他们不能避免教会内部的分裂。②

二　神甫说

如果说对敌基督和神甫的不同看法导致旧礼仪派分裂为教堂派和反教堂派，那么怎样对待来自尼康派别的神甫则导致了教堂派内部的分裂。教堂派信徒开始思考，如果可以接受和修正来自尼康教会的神甫，那么应该怎样做呢？按照第一、第二、第三教阶接收尼康派信徒吗？需要重新对他们施洗或者涂圣油，或者要求他们在旧礼仪派教会中忏悔吗？如果尼康派的

---

① Крамер А.В. Раскол русской церкви в середине XVII века, СПб.: Алетейя, 2014. С.262.

② 同上。

神甫没有重新受洗，还可以接受他吗？如果他不知道怎样受洗，又该怎么办呢？……对这些问题的不同回答导致了教堂派内部的分裂。

不过，在详细探究如何对待尼康派神甫的问题之前，我们有必要先考察一下反教堂派与教堂派各自的地理分布特点。反教堂派（包括各个细分流派）主要分布在俄国北部和西伯利亚；教堂派主要分布在俄国中心地区以及俄国南部。这样的分布特点是由一定的地理原因和历史原因造成的。"俄国北部的居民从来没有被规范的要求宠爱过，很久之前他们就没有依靠神甫的帮助而生活。那里从一个村到另一个村有几十俄里的距离，道路被浓密的森林或者泥泞的沼泽覆盖，唯一方便的交通方式是河运。在这些荒凉的偏僻地区，神甫来到这里的农村是非常稀有的事件。有时候十个或者二十个村庄只有一座教堂，方圆百里的人都来这里。有时候人们很久都听不到这个唯一的教堂的圣咏。在这种条件下，面对最急需的要求，神甫往往也没出现……在没有神甫的帮助时，北部农民尽可能通过自己的力量满足精神需求。"①

米留可夫描述了围攻索洛维茨基修道院之后俄国北部反教堂派隐修院的出现：在这些偏远地区代替教堂出现的是小教堂（没有祭坛）。这里比任何其他地方都容易对完全并且永远没有神职人员的情况妥协。因此反教堂派的学说主要在这里流行开来。北部的居民容易接受平信徒施洗，相互忏悔。在农民世界里不进行婚礼奥秘也很容易，那里经常会遇到没有被教堂祝圣的婚礼。索洛维茨基修道院的一些修士由于没有信心战胜莫斯科军队，来到了这种荒凉之处。他们从岛上出发，在海上向各地分散，到处传播对尼康新举措的憎恶以及对古代东正教的

---

① Крамер А.В. Раскол русской церкви в середине XVII века, СПб.: Алетейя, 2014. C.259–260.

忠诚。远离政权以后（更准确地说不仅仅是远离政权，更是完全远离了尘世，就像现在的修士和禁欲者那样），他们选择了最偏僻的角落居住，比如在森林里湖泊的旁边，无法通过的沼泽和森林将他们与外界的一切隔离开来。除了森林的篝火，在没有任何防御北方森林严寒的措施的情况下，苦行僧驻扎了下来，开始了自己"残酷的生活"。渐渐地他们习惯了，为自己建立了修道小室。"为了人们的精神需求"或者"为了福音的学说和宣道"，他们定期离开森林去相邻的村落。隐士的名声很快传播开来，他们拥有了庇护者，即准备在金钱和食物方面为其提供帮助的爱基督者，甚至可以在需要的情况下将其隐藏起来；也出现了准备以他们为榜样、相继去沙漠的追随者。在这个孤立的修道小室旁边形成了一座住宅；严格的苦行僧为被打破的沉静感到遗憾，想离开去往森林的更远处面对新的挑战……这些消息传到长官那里，军队从各地来到沙漠寻找他们。移居者丢下住所和备用东西都跑走了。他们为自己寻找新的地方；如果不这样他们只能直面敌人，进而自焚，因为他们没有下定决心活着投降……①

反教堂派隐修院就是按照上面描述的方式建立起来的。实际上对教堂派来说，情况也相似，开始时是苦行僧的修道小室，然后建立起教堂派的修道院和隐修区，与古代罗斯修道院在形式上类似。所以，旧礼仪派的隐修院与彼得大帝之后在宗教和世俗领袖的严格监督下建立的官方教堂是不一样的。

历史学家 A. 克拉默对米留可夫的描述补充了以下几点。（1）在这些荒凉的地方受军队追捕的旧礼仪派信徒被迫不止一次丢下自己的生活用具和住所逃向更远的地方，有时甚至会丢

---

① Милюков П.Н. Очерки по истории русской культуры. Москва. 1994. Т.2. С.79–80.

下自己的妻子和孩子，因为妇孺没有力量追随丈夫和父亲到更荒凉的森林受饥饿和寒冷的折磨，这在物质和心理层面上决定了要过一种流动的、没有家庭的生活，即为反教堂派中的不婚派创造了条件。（2）在这些地方为旧礼仪信仰斗争的布道者不是白神品或者辅祭（在俄国中心地区和南部一般都是），而是一些修士，他们中最受尊敬的是从索洛维茨基修道院逃出来的修士，他们曾经是不婚或者"没有神甫"救赎的例子。（3）在那些荒凉的地方，对待幸存的索洛维茨基布道者就像对待圣人一样，他们的话是不容怀疑的。

克拉默认为基于这三个原因，以及根深蒂固的没有神甫的生活习惯，直到17世纪末在这些地方还流行着反对婚姻的反教堂派。①

相比之下，教堂派旧礼仪信徒的组织形式要复杂一些，即要有教堂和进行侍奉礼仪的神甫——这在俄国中部地区是非常难实现的；而在可以移民的地方，在更加自由的哥萨克地区以及在乌拉尔地区、伏尔加地区、莫斯科和其他中央省区则是可以实现的。

教堂派相信神甫和圣餐礼的奥秘，也被称为传统的积极分子；反教堂派认为主的恩典在教会中消失了，因此神甫和领圣餐仪式的奥秘都不存在，被称为激进的消极分子。在教会分裂的最初几十年，旧礼仪派的主要精力都集中在与以尼康为代表的主教斗争方面，因此内部的分歧没有明显地表现出来，并且他们没有时间和精力解释和思考自身经常矛盾和对立的观点，这为旧礼仪派自身的分裂埋下了隐患，等到他们与政府的斗争不再是首要问题时，内部的矛盾就开始显现了。

---

① 参见 Крамер А.В. Раскол русской церкви в середине XVII века, СПб.: Алетейя, 2014. С.261–262.

第二节　教堂派的产生和发展

1666~1667 年的宗教大会之后，一方面旧礼仪派和牧首教会的不可妥协性表现得越来越尖锐，另一方面"爱上帝"小组的追随者和他们的盟友——他们共同反对尼康推行的新礼仪——之间的神学分歧也鲜明地突显出来。

17 世纪 80 年代，旧礼仪派的内部关系由于自焚问题开始变得越来越紧张。"自焚在这时候有了可怕的精神疾病的特点。"①自焚的现象和参与自焚的人数增长得非常快，因此，承认神甫和世上基督生活的所有奥秘和可能性的温和的传统分子很确定，他们和这些相信人类基督历史走到了尽头、世上恶的力量变得不可战胜的悲观的狂热者不同道。

所谓的传统分子就是教堂派。很久之前他们就和越来越危险的自焚布道，以及不断发生的焚烧森林行为斗争，但是直到1691 年他们才开始清晰、彻底和集体地谴责自焚。

教堂派早期的代表人物有修士多西费，以及他的好朋友叶夫罗辛（Ефросин）。

叶夫罗辛修士制定了谴责自焚和焚烧森林的决议。他第一次划清了教堂派与反教堂派的界限。叶夫罗辛是教会早期分裂历史上著名的库尔任斯基小修道院（Куржеская пустынь）的创始人。17 世纪 60 年代到 70 年代该修道院位于奥涅加湖（Онежское озеро）的西北岸不远处。这座修道院被破坏之后，叶夫罗辛和多西费听从诺夫哥罗德都主教皮季里姆的命令，离开了那里。他们在俄国北部流浪了很多年，经常和焚烧森林的宣扬者发生冲突。在 1682 年莫斯科事件后，当修士多西费去往更远的顿河地区的时候，叶夫罗辛也向南行进。

---

①　Зеньковский С.А. Русское Старообрядчество. С.308.

1691年叶夫罗辛来到卡鲁克（Калуг），这里是旧礼仪派在西南部重要的秘密聚集处，它将波兰边界线两侧的斯塔罗杜布（Стародуб）和韦特卡（Ветка）旧礼仪派移民村与莫斯科联系起来。

修士叶夫罗辛写了一篇著名的文章《驳新谋划的自杀道路书信》（отразительное письмо о новоизобретенном пути самоубийственых смертей）来谴责自焚者。在这篇文章中他描述了自焚者及自焚布道的活动，指出自焚宣扬者常常传布不诚实且应受严重指责的做法，他们这么做是为了吸引天真的、在神学问题上缺乏认知的受害者走向烈焰。叶夫罗辛表现得很英勇，并且无畏地加入和当时被尊为殉道者的阿瓦库姆的争论。阿瓦库姆认为自焚是宗教英勇的展现，而叶夫罗辛坚称自焚违背基督教精神。他引用了很多诗篇和圣徒的例子，证明自愿走向森林大火的东正教徒根本不是为信仰献身的神圣殉道者，他们仅仅是没有清楚信仰的自杀者，他们是燃烧森林的宣扬者，是危险的罪人，他们对其追随者的灵魂的死亡和毁灭负有责任。

修士叶夫罗辛的信件以这样的说明结束：燃烧森林的参与者负有自杀之罪的责任，而东正教会谴责和禁止自杀，甚至不允许为那些自愿终结自己生命的人祈祷。叶夫罗辛在17世纪70年代中期从基督教观点解释了禁止自焚的原因。后来，多西费继续谴责自焚，并且和这些伪学说斗争，叶夫罗辛也不止一次向自焚宣扬者的首领寄出自己的批评文章。通过总结证据，叶夫罗辛得出结论：由于破坏了基督教的真理和教会的法规，自焚者自动地失去了教会福祉，脱离了教会。

这封信不是修士叶夫罗辛的个人发言，而是教堂派信徒的共同决定，自此他们决定和宣扬宗教自杀的传教士断绝关系。和反教堂派断绝关系的决议得到了修士多西费本人的允诺，也获得了他们的战友——修士司祭费奥多西、帕夫努季（Пафнутие）和其他旧礼仪派保守阵营的领袖的同意，包括以神甫伊格纳季（Игнатий）为首的顿河流域和古木（кумский）修士团、北方沿海的长老和修士，以及西部修士团，即斯塔罗杜布和韦特卡旧礼仪派信徒。

在 17 世纪，教堂派主要分布在顿河流域、北部的凯尔日涅茨（Керженец）和波兰的韦特卡。

传统分子对激进分子的谴责导致旧礼仪派内部发生了决裂，旧礼仪派内部形成了教堂派和反教堂派。保守的旧礼仪派修士多西费离开顿河到达北高加索后，很快就去世了，这给了东南部哥萨克教堂派中心极大的打击。顿河的所有教会又落到政府和牧首教会手中，多西费流浪时逗留过的教堂此时处于俄国的边界之外了，它与位于特列克（Терек）的最后保留着旧礼仪的哥萨克堂区的联系变得非常困难，因为那时候从俄国到特列克的道路不经过北高加索和顿河，而是经过容易受政府监督的阿斯特拉罕和伏尔加河下游的城市。

北方的情况也不容乐观，那里最后一个相对自由的、不受沙皇和牧首权力控制的教堂派中心是位于凯尔日涅茨的隐修院，这些隐修院中最重要的是历史较为悠久的斯莫凌隐修院。17 世纪 80 年代凯尔日涅茨有 77 座旧礼仪派隐修院、修士和本地居民共计 2000 多人。那里经常召集旧礼仪派的聚会，或者就旧书籍的解释、神启和旧信仰的文章等问题展开激烈争论，无论是阿瓦库姆的作品，还是神甫和传教士，都从这里走向了不同的村社。在斯莫凌居住着一位上了年纪的黑衣神甫狄奥尼斯·舒伊斯基（Дионисий Шуйский），他有很多天赋，能给朝圣者举办圣餐仪式以及给其他村社供给圣餐。得益于此，在多西费去往南部之后，凯尔日涅茨，特别是以狄奥尼斯为领导的斯莫凌隐修院在接下来的十多年间变成了教堂派在俄国中部的神学中心。

17世纪90年代上半叶，另外一个神甫费奥多西（Феодосий）接替了去世的狄奥尼斯，他是牧首约瑟夫在位时被按立为神甫的。费奥多西起初住在尼古拉修道院，后来他离开那里去了顿河，和多西费一起做事。在顿河地区，这位神甫所属的修道院位于北部，当时他还没来得及与多西费前往更南方就被哥萨克抓住了，1686年他被交到莫斯科。后来他成功地从莫斯科逃到了北方，大约在1694年，他出现在了凯尔日涅茨。多西费这位在教会分裂前很久就被按立的老朋友变得有名起来，开始吸引朝圣者和学生到斯莫凌隐修院。但是他在这里停留的时间并不长，因为1694年政府的远征队使凯尔日涅茨的全体旧礼仪派群众破产，烧毁了那里的大部分隐修院。费奥多西不得不逃到他不熟悉的南方。流浪的时候他在卡鲁克找到了一座古老的、尼康时代之前建造的空教堂。他在这里完成了侍奉圣礼，为与自己同信仰的人准备了备用圣品。当他离开去往韦特卡的时候，他从这座破旧而荒芜的圣母庇护教堂中拿走了圣像壁。

17世纪90年代，波兰的韦特卡成了旧礼仪派中教堂派信徒的聚集地。在莫斯科的影响下，斯塔罗杜布的哥萨克上校，盖特曼的儿子西蒙·伊万诺维奇·萨莫伊洛维奇（Семен Иванович Самойлович，16~17世纪哥萨克军队公选的首领）开始打压那里的教会抵抗分子。一部分独立和活跃的旧礼仪派信徒决定去往更远的地方，出国去波兰，去位于第聂伯河的支流索日河（Сож）中间的韦特卡岛，该岛距离哥莫里（Гомель）东北部20俄里或者30俄里，距离早期斯塔罗杜布周围的旧礼仪派村落西部边缘不到50俄里。这里处于波兰地主哈列茨基（Халецкий）和克拉西利斯基（Красильский）的统治下，侨民在这里找到了栖身之地。波兰地主对这些不喝酒、安静而勤劳的人们的偶然到来很高兴。新侨民也对他们现在处于牧首和其权力可及范围之外的情况很满意，同时这里又接近边界线，由于在波兰和俄国两边都有自己的朋友，他们能够轻易地穿越国界，与斯塔罗杜布、卡鲁克、莫斯科以及俄国其他城市和地区的教堂派村落保持联系。

哥莫里和斯塔罗杜布的茂密森林和无边无际的沼泽有助于他们轻松地越过国界线。来到韦特卡的人数每个月都在增长。为了停止移民，政府规定要严格检查从莫斯科到东南部的图拉和卡鲁克的道路上过往者的证件。但是这并没有起到作用，因为检查证件的军人往往很同情逃亡者，并且旧礼仪派信徒能够容易地被护送绕过关卡。波兰检查官员为忠于旧信仰的人提供帮助的消息很快在17世纪末18世纪初的教堂派中间传播开来。韦特卡成了最受欢迎的旧礼仪派居民点之一。

17世纪80年代，阿瓦库姆以前的朋友库兹马（Кузьма）神甫从斯塔罗杜布来到这里。跟随他而来的还有另外一位神甫斯捷潘（Степан）。在这些神甫去世之后，一个叫约阿萨夫（Иоасаф）的修士来到这里。他说服韦特卡人在那里建立教堂，但是没有等到实现他就去世了。听说了费奥多西后，韦特卡人劝说他来这里。费奥多西于1695年抵达，在此处时他与母亲马拉尼娅（Маланья）和其他莫洛佐娃圈子中的修士保持着联系。

费奥多西逗留期间，韦特卡成了旧礼仪派教堂派的主要中心。他到达这里一年后教堂就扩建了，用上了尼康改革前的圣餐布，而这块圣餐布是由他母亲马拉尼娅带来的。20年前，马拉尼娅与莫洛佐娃一起领导着莫斯科和莫斯科郊外的旧礼仪派村社，她们经常与阿瓦库姆通信。在为这座象征性地献给庇护圣母的教堂祝圣时，另一位神甫亚历山大和尼康改革之前在职的莫斯科神甫格里高利（Григорий）参加了祝圣仪式。费奥多西带来的卡鲁克圣像壁被放置在此处，即第一个真正的旧礼仪派教堂中。教堂派信徒在这座教堂中可以进行祈祷和完成所有的圣事。

1700~1764 年是韦特卡的鼎盛时期，当时这里居住着将近四万名教堂派信徒，有两座大的修道院。来自俄国各地、想举办教会婚礼的朝圣者都聚集到了这里，一些想成为住持和传教士的青年也前来学习。1764 年韦特卡走到了尽头，马斯洛夫（Маслов）将军奉叶卡捷琳娜女皇的命令前来驱散和逮捕居民、修士和神职人员，拆毁了村庄、修道院和教堂。1764年以后，旧礼仪派信徒从叶卡捷琳娜女皇那里获得了在俄国建造教堂和自由祈祷的权利，所以没有再回到韦特卡。18 世纪末教堂派的新神学中心是伏尔加河下游的伊尔吉兹（Иргиз），然后是莫斯科的罗戈任斯基墓地。直到今天，旧礼仪派教堂派的主要管理机构还位于该处。

费奥多西大概是在 1710 年去世的，在去世之前他一直是公认的全俄国教堂派的领袖。他从韦特卡向俄国教堂派村社发出自己的信函、祝福和备用圣品。费奥多西用树油稀释牧首约瑟夫在位时祝圣的圣膏，然后在完成圣礼时使用。他最主要的成就是确定了教堂派可以将被牧首教会按立的神甫接纳到旧礼仪派中。因此他被尊为真正的教堂派创立者。在费奥多西之前，教堂派信徒有时候会接收教会分裂后按立的神甫到自己的村社，但是这种实践没有受到教堂派信徒的普遍认可，并且也很少发生，当时教堂派信徒对这个问题的态度还不是很清晰，存有争议。1666~1667 年宗教大会之后的最初几年，神甫和恩典的继承问题一直困扰着保守的旧礼仪派信徒，即后来的教堂派；当时很多消极的激进分子否定东正教会中神甫和恩典的可能性。在 1660 年和 1670 年间，当阿瓦库姆和费奥多尔表达自己对该问题的看法时，旧礼仪派中的神甫问题还不是很尖锐，因为当时旧礼仪派中还有很多神甫（包括阿瓦库姆本人）都是尼康改革之前，即教会分裂前被按立的。但是随着时间的流逝，这些神甫的人数很快就减少了，到17世纪末，特别是17世纪90年代，尼康改革之前被按立的神甫已经很少了。此时保守的教堂派信徒中间对这个问题分歧很大，甚至连修士多西费也不同意接收尼康时期或者尼康之后按立的"新"的神甫为旧礼仪派的神职人员。直到1680年，根据大司祭阿瓦库姆的建议，凯尔日涅茨的修士狄奥尼斯接收了"新"的即尼康改革之后的神甫。这种接收"新"神甫的实践由于费奥多西的权威和坚定态度在17世纪最后几年间成了普遍现象，一直持续到19世纪中叶，即教堂派信徒成功地恢复了自己的主教制，开始按照东正教规定定期按立自己的神甫为止。

教堂派接收教会分裂后的神甫时，会进行一些宗教仪式，比如会对这些新加入的神甫进行询问，然后让他们坚决拒绝"尼康的迷惑"，或者为他们重新涂圣油、施洗，等等。教堂派内部在为来自官方教会的神甫举行宗教仪式时也出现了分歧，这导致教堂派在18世纪又分裂成了重涂圣油派、皈一派、卢日基派等分支教派。

少数人认为，来自官方教会的神甫应当穿上法衣重新举行洗礼仪式，然后才能成为教堂派成员；多数人认为，这些神甫入教须进行涂圣油仪式；还有一些人认为，只要让逃亡神甫发誓脱离异端，就可吸收其入教。1777年，坚持第二种观点的罗戈任斯基墓地掌管们开始熬制圣油，准备为来自官方教会的神职人员涂圣油。这一举动激化了教堂派内部持不同观点的教徒间的矛盾。斯塔罗杜布地区的教堂派坚决反对罗戈任斯基墓地教堂派的"专断"行为，后者曾组织自己的成员于1779~1780年召开了10次会议，最终使自己的观点得以确立。由这些教徒构成的新派别被称作重涂圣油派。罗戈任斯基墓地、凯尔日涅茨和伊尔吉兹等教堂派中心都加入了这个行列。重涂圣油派是教堂派中一个激进的、不与官方教会妥协的教派，被官方视为东正教中的"异端"派别。

持第三种观点的人对来自官方教会的神甫要求极不严格。显然，如果由这些神职人员主持祈祷，那么教堂派的宗教仪式将会更接近官方教会。重涂圣油派形成以后，持第三种观点的人便向官方教会靠拢。1800 年这部分教堂派教徒以皈一派的身份加入官方教会。自此他们成为在官方教会注册的教徒，但是仍保留着旧礼仪派的宗教礼仪。皈一派是教堂派中对政府态度最温和的一派，属于政府感化拉拢的对象。

1822 年 3 月 26 日，沙俄帝国颁布法令，允许教堂派拥有从官方教会逃亡的神甫，以方便教堂派信徒在自己的社团内进行出生、结婚和死亡登记。许多教堂派信徒都积极响应这一法令，唯独斯塔罗杜布地区卢日基村的教堂派信徒反对。他们认为，只有在不受世俗政权和教会权力控制的神甫那里进行出生、结婚和死亡登记，这些证书才具有神性，因此拒绝服从政府的命令，随之产生了卢日基派。后来该派还扩展到顿河流域、乌拉尔地区、古斯里茨和摩尔多瓦等地。卢日基派是一个与政府对抗的民间宗教组织，它将教堂派中用特殊圣饼为沙皇祈祷的仪式视为异端行为。

19 世纪 40 年代，沙皇尼古拉一世颁布法令，严格禁止官方教会神职人员逃亡，试图"消灭逃亡神职阶层"。这一命令对教堂派的发展极为不利，它客观上中止了教堂派的神职来源。一些企业界教堂派人士慷慨出资，试图聘请一位侨居国外、恪守尼康改革前的东正教礼仪的主教。首先产生这一想法的是伊尔吉兹教堂派人士。后来，莫斯科罗戈任斯基墓地和圣彼得堡的该派教徒们也都支持这一倡议。不久后他们把关注的焦点集中在奥地利。

当时，俄国有少数旧礼仪派教徒居住在奥地利，他们的存在得到了奥地利政府的承认。奥地利是当时世界上唯一承认俄国旧礼仪派为合法宗教组织的国家。从俄国逃亡至此的教堂派信徒主要集中在瓦尔尼查（Варница）地区。在这里，他们形成了自己的居民点——别洛克尼查（Белая Криница）。他们还在别洛克尼查森林中建立了修道院和教堂。1844 年，别洛克尼查修道院从奥地利政府那里获得了从国外聘请一位主教的权利。教堂派代表们走遍君士坦丁堡、叙利亚、耶路撒冷、黎巴嫩和埃及等地，根本没找到"古代东正教"主教的踪影。最终他们选定波斯尼亚萨拉热窝都主教阿姆福罗希任别洛克利尼查教堂派的主教。阿姆福罗希培养了自己的助手。1846 年，别洛克利尼查教阶派形成了，新教派在奥地利、土耳其、摩尔多瓦和瓦拉几亚等地普及开来。

1849 年，俄国国内产生了第一位别洛克利尼查教阶派主教——索夫罗尼。19 世纪中叶，在莫斯科—波兰—高加索一带共产生了 10 个奥地利教阶主教区，拥有高级黑神品（архиерей）12 名。莫斯科成为别洛克利尼查教阶派中心。到 19 世纪末，俄国共有别洛克利尼查教阶派主教职位 19 个。他们领导着俄国绝大多数旧礼仪派信徒，还创办了杂志《旧礼仪派教徒》、《教会》和《旧礼仪派思想》等。①

第三节　反教堂派的产生与发展

反教堂派创立之初，其主导信仰为末世论思想和基督再度降临说。由于感到活在世上没有出路，许多人把自焚看作获得拯救的唯一途径。1692 年和 1694 年，在哈里顿·卡尔波夫（Харитон Карпов）和费奥多西·瓦西里耶夫（Феодосий

---

① 　参见戴桂菊《俄罗斯传统的民间东正教——旧礼仪派》，见乐峰主编《俄国宗教史》（上卷），第 276~279 页。

Васильев）等人领导下，诺夫哥罗德反教堂派信徒先后两次召开会议。与会者认为，既然世界完全被敌基督所控制，神的赐福已经不存在，神职也没有必要存在了。因此，反教堂派不承认神职，在教区管理中也不设神职。在东正教七件圣事中，他们只遵守洗礼和忏悔礼两大圣事。与官方教会不同，反教堂派的两大宗教礼仪在没有神职的情况下允许由世俗人员完成。反教堂派是旧礼仪派中的一个激进派别，较之旧礼仪派其他分支，它在教义和信仰上与东正教官方教会差异更大。

17世纪末召开的反教堂派会议第一次对反教堂派观点进行了书面描述，两年之后又一次召开的宗教会议对反教堂派观点进行了更加完整的陈述。由于对这两次反教堂派会议决定的看法不一致，反教堂派内部出现了分裂，产生了北方沿海派和费多谢耶夫派，后来从这两大派别又分裂出很多小的派别。

一　费多谢耶夫派（Федосеевцы）

该派创立于1696年，以创立者费奥多西·瓦西里耶夫的名字命名，是反教堂派中较为激进的一派。当时，费奥多西带着全家离开北方沿海派总部，迁居到立陶宛，建立了一个新教派。费多谢耶夫派内部纪律严明，所有成员都必须无条件地服从训导者的命令，恪守不结婚的原则，保持贞洁，坚决反对生孩子。他们只遵守洗礼和忏悔礼，宗教仪式由世俗人员完成。[①]

1692年诺夫哥罗德反教堂派的领袖在辅祭费奥多西·瓦西里耶夫的领导下召集了地方宗教会议。会上讨论一个叫伊万·

---

① 戴桂菊：《俄罗斯传统的民间东正教——旧礼仪派》，见乐峰主编《俄国宗教史》（上卷），第280页。

科洛缅斯基（Иван Коломенский）神甫的行为和学说。这个神甫在当时属于瑞典的纳尔夫（Нарв）主持侍奉圣礼，他给教民举行婚礼，没有使进入他村社的"尼康分子"重新受洗就接收了他们，他甚至不阻碍自己的追随者与东正教官方教会保持友好的关系（反教堂派信徒认为官方教会由于和不忠诚的"尼康分子"沟通而有罪）。

这次会议的决议是反教堂派观点的第一次书面表述。这次会议作出了禁止结婚、禁止反教堂派成员生儿育女、严格禁止反教堂派成员与不同信仰者交流（其中包括"尼康分子"、教堂派信徒或其他异教徒）等方面的决议。俄国历史学家认为这次决议表明激进的反教堂派已经偏离东正教会很远了。

两年之后的第二次诺夫哥罗德反教堂派宗教会议对反教堂派信仰进行了更加完整的描述，该会议是 1694 年 6 月 3 日在同一批人的领导下召开的。新决议由 20 项非常清晰的条例组成。通过这些条例我们可以了解反教堂派的观点。

该决议的第 2、3 项条例禁止所有人从尼康派、教堂派或者其他信仰转向反教堂派。原因是倘若洗礼的奥秘是由"尼康分子"完成的，那么在反教堂派信徒眼里它就变得无意义了，因此宗教会议坚决作出了这样的决议。

第 4~17 项解决的是不婚问题，不婚成了反教堂派信徒必须遵守的规定。"诺夫哥罗德的神甫决定，我们完全否定婚姻，因此规定所有适婚阶层的人要保持童贞，尽力保持不和妻子结合。违反这些规定的人会遭受惩罚，暂时被逐出教会，但是如果三次违背规定就会被彻底逐出反教堂派教会。在转入反教堂派教会之前的婚姻被认为是无效的，因为全世界，特别是俄国在末日都没有东正教神甫了。"

第 18、19 项规定了净化从"市场"（这里指不是从反教堂派信徒处）买到的食物的特殊仪式。会议的第 20 项决议规定了要严格完成会议所制定的一切规定。①

诺夫哥罗德反教堂派宗教会议通过这些决议最终解决了等待敌基督和世界末日到来的反教堂派信徒的所有困惑。

俄国历史学家 C.A. 津科夫斯基认为，这只是对俄国悲观主义的宗教激进分子所有以前的布道做了个总结。他指出，反教堂派的领袖们在这些最早期的书面表述中完全忘记了他们传道之初的出发点，即反对尼康和俄国官方教会对古俄国东正教的"违背"以及在礼仪上的改变。然而，在诺夫哥罗德的决议中，没有一句关于古俄国传统的话，没有一句关于"第三罗马"、关于旧礼仪的话。②

在这些决议中，他们承认了敌基督在这个世界上的胜利，由此产生了教会的无恩典、无神甫，宣告圣餐礼和婚姻奥秘的不可能性，要求信徒保持完全的贞洁，让他们承认生孩子有罪和整个世界的不道德。

费奥多西·瓦西里耶夫否认人类种族和基督教的延续性，和其志同道合者一起将他们的追随者带离了正常的生活，让他们变成了修士。

反教堂派信徒认为由于恩典消失了，所以神甫和奥秘都不可能存在，这实际上将崇拜礼仪放到了比东正教内容本身更高的位置。尽管他们的学说很激进和古怪，但是反教堂派信徒中宣扬通过自焚净化心灵的导师在农民和北部工商业者中间获得了广泛的认可和推崇。

17 世纪末期，普斯塔杰尔斯科的神甫被处决之后，以及 1682 年莫斯科起义失败后，在新礼仪反对者中弥漫着强烈的无希望感，当时只有少数坚定的教堂派信徒如多西费、叶夫罗

---

① 参见 Зеньковский С.А. Русское Старообрядчество. С.318。

② 同上。

辛、狄奥尼斯等人继续保留着古代传说中的信仰，他们相信包含神甫和古代教会所有奥秘的完满的基督教生活还是可能的。

沉浸在绝望中的极端的反教堂派信徒则年复一年地等待着末日和基督第二次降临。他们认为脱离罪孽和从敌基督王国中救赎自己心灵的唯一正确方法是通过火进行自我洁净。

17 世纪 80 年代，自焚现象大规模蔓延开来。1687 年，反教堂派信徒，积极宣扬自焚的辅祭伊格纳季（Игнатий）和自己的追随者占领了帕列奥斯特洛夫修道院（Палеосторовский монастырь），同年 3 月 4 日，政府军出现的时候有两千多名信徒自焚了，伊格纳季也和他们一起烧死了。一年半以后，伊格纳季的战友，另一位著名的"自杀方法"布道者叶梅利扬·伊万诺维奇（Емельян Иванович）重新控制了帕列奥斯特洛夫修道院，尽管政府军队尽全力阻止自焚，1688 年 11 月 23 日那里仍有 1500 名追随者自焚。帕列奥斯特洛夫修道院之所以能够吸引这些狂热的信徒自焚，是因为根据旧礼仪派的说法，正是在这里尼康下令杀死或者烧死了第一位为旧信仰殉道的主教保罗·科洛缅斯基。

许多史学家都记载了当时大规模的自焚现象。"自焚开始于 1665 年，在 1671 年和 1672 年大公消灭拉辛残余部队时变成了大规模现象，这里面有很多旧礼仪派信徒。1676 年和 1687 年间在雅罗斯科夫的波什宏斯基县有 1929 人自焚，在秋明地区 1679 年有 1700 人自焚……"[1]1687 年奥伦涅茨附近皮缅长老带着 1000 多人自焚，同一年辅祭伊格纳季和 2700 人在帕列奥斯特洛夫修道院自焚，1689 年这个修道院有 500 人自焚。1688 年在乌丝久日斯基县 300 人自焚，在普多日 3350 人自焚……我们认为，在 1690 年之前自焚的旧礼仪派信徒不少

---

[1] Словарь книжников и книжности Древней Руси. Вып.3. СПб 1992–1998. ч.1, С. 45.

于两万人。[①] 俄国史学家 C.A. 津科夫斯基作出了如下描述："某种强烈而可怕的死亡和自杀热情弥漫在迷恋末世论的领袖和忠于旧信仰的北部居民中间。自焚的参与者互相拥抱，从别墅屋顶跳入火中。他们互相牵着手，姑娘们跑进火中，孩子们拽着亲人走进火中，父母抱着幼儿走进火中。许多人每时每刻都在等待世界的末日，特别是在 1666、1667、1691 和 1692 年，他们躺在棺材中迎接最后的审判。"[②]

但是世界末日没有到来，根据修士阿夫拉米（Авраамий）的复杂计算，世界末日应该出现在 1691 年。1692 年之后反教堂派神甫开始发表诺夫哥罗德宗教会议的决议，在决议中他们解释了，尽管最后的临在和敌基督王国来临了，但是末日在什么时候还不清楚，因此他们的教会应该以某种组织方式存在于这个有罪的和被恶势力控制的社会，适应他们经历的末世。

1692 年和 1694 年诺夫哥罗德宗教会议确立的运动在反教堂派中持最激进的态度，这一派的运动集中在俄国西北部，主要在诺夫哥罗德、普斯科夫（Псков）和雅姆（Ям）。17 世纪 90 年代末，第一批领袖去世之后，费奥多西·瓦西里耶夫成了这个反教堂派组织的领导。他是参加诺夫哥罗德宗教会议的主要神甫之一。1696 年他带着自己的家庭和追随者离开俄国到了立陶宛，在涅韦尔（Невель）旁边定居下。那里不受沙皇和牧首权力的控制，他组织了反对婚姻的社团，这奠定了费奥多西反教堂派的基础，因而该派简称为费多谢耶夫派。

费多谢耶夫派的涅韦尔社团是第一个城市类型的反教堂派社团。虽然不清楚诺夫哥罗德、普斯科夫和其他西北罗斯城市

---

① Крамер А.В. Раскол русской церкви в середине XVII века, СПб.: Алетейя, 2014. С.245.

② Зеньковский С.А. Русское Старообрядчество. С.320.

中心的反教堂派信徒的社会生活是怎样的，但是可以推断，17世纪末当这些城市里的末世论消极分子等待临近的世界末日时，他们准备好了用火进行自我洁净，而不是在这个充满罪孽的世界上活着。

当时波兰政府和天主教当权者已经同意教堂派信徒在韦特卡生活，建立自己的社团，一开始也很友好地对待涅韦尔的反教堂派信徒。波兰政府和天主教当权者看到他们憎恶的东部教会内部发生了分裂很高兴，已准备好支持反对莫斯科东正教会的反教堂派信徒。

在费奥多西·瓦西里耶夫领导的社团中生活着大概600名男性和700名女性，他们都必须遵守诺夫哥罗德的禁婚准则，原则上要遵守严格的贞洁。

费多谢耶夫派社团的特点是纪律严苛，成员必须听从其导师费奥多西的要求，他们按照尼康改革前的章程进行礼拜，进行礼拜的时间很长。社团所有成员的财产是共有的。社团还建有自己的礼拜室、医院、养老院和许多经济部门，其成员在这些地方经常义务劳动。

费奥多西的传记作家写道，社团的领导经常严厉地提醒大家"游手好闲是邪恶的学校"，社团不允许任何人偷懒，要求新成员进入社团时将自己的财产转交给社团，甚至鞋子、衣服和其他日常生活必需品也要上交。

涅韦尔反教堂派村社存在的时间并不长，1709年它被波兰士兵洗劫了。当时查理十二世①发动与俄国和波兰的战争，战争大部分发生在波兰领土上，他的村社腹背受敌，因此费奥多西决定回到俄国。他偶然地找到了很有权威的庇护者梅尼希

---

① 瑞典国王，1697~1718年在位，终身未婚。他在位期间，瑞典由北欧强国衰退为二流国家。

科夫（Меньшиков），梅尼希科夫设法使沙皇同意涅韦尔的侨民回到祖国。在彼得大帝的允许下，费奥多西的社团迁到了普斯科夫郊外。但是费奥多西并没有在俄国土地上继续自己的布道。尽管沙皇红人梅尼希科夫的作用很大，费奥多西仍旧被教会权力控制了。由于长期的流浪和斋戒，费奥多西的健康受到损害，最后在监狱中去世。几年后，位于普斯科夫郊外的村社分崩离析了，但是费多谢耶夫派经受住了考验，18 世纪末和 19 世纪初费多谢耶夫派不仅在反教堂派中，并且在整个俄国旧礼仪派中都是最强和最有影响力的派别之一。

二　北方沿海派（Поморское беспоповство）

北方沿海派的创立者是达尼尔·维库林（Данил Викулин）。在反教堂派召开会议讨论信仰和宗教礼仪的过程中，持不同意见的达尼尔于 1695 年在俄国北方白海附近的维格河（Выг）畔建立了北方沿海派的第一个教区。①

北方沿海派与费多谢耶夫派不同，他们对旧教会学说更忠诚。北方沿海派的运动发生于奥涅加湖和白海之间的俄国隐修院众多的古老土地上。从诺夫哥罗德通往索洛维茨基的道路就经过这里。这片荒漠上和隐修院里的许多修士从 17 世纪 50 年代起就支持反对新礼仪的斗士，17 世纪 70 年代幸免于难的索洛维茨基修道院的修士来到这里，他们很快就成了激进的旧信仰者了，当中有许多有名的自焚布道者。辅祭伊格纳季就是这个激进派最著名的索洛维茨基活动家，他能够通过自己非凡的布道和宗教热情激励追随者。

伊格纳季在距离奥涅加湖不远的萨拉小岛（Саро-озеро）

---

① 戴桂菊：《俄罗斯传统的民间东正教——旧礼仪派》，见乐峰主编《俄国宗教史》（上卷），第 279 页。

上度过了自己生命的最后几年，他的一些追随者和他一起在那里进行严格的禁欲。1684年达尼尔·维库林从奥涅加湖的西北岸边来到这座修道院中。1687年3月4日伊格纳季在帕列奥斯特洛夫修道院自焚，在这之后达尼尔·维库林成为萨拉岛的领袖。伊格纳季去世四年后，安德烈·杰尼索夫（Андрей Денисов）来到此地，他在旧礼仪派运动中占据特殊地位。在17世纪末和18世纪初，安德烈不仅被推崇为旧礼仪派思想最杰出的代表和北方沿海反教堂派强大网络的组织者，并且也被公认为首位俄国古文学家和语言学家。

由于萨拉村交通不便、面积受限，维库林和杰尼索夫开始寻找新的地方，使他们的村社能够更加自由、容易地发展。经过两次不成功的迁移尝试，1694年两位北方沿海派的领袖停在了索斯诺夫河（Сосновка）和维格河交汇的干旱而广阔的地方，同年他们正式迁居到了那里。

修士科尔尼利（Корнилий）在维格河附近大概居住了15年，这位修士活了100多岁，以自己的长寿和经验而闻名。1666~1667年宗教会议之后科尔尼利不仅成了顽强的"尼康化"抵抗分子，并且也是坚定的禁婚斗士。科尔尼利在17世纪80年代和修士多西费分道扬镳——在阿列克谢·米哈伊洛维奇统治期间他们曾一起去顿河很多次，在那里宣布旧信仰的真理。科尔尼利是早期反教堂派信徒的中坚之一。

因此，伊格纳季和科尔尼利这两种极端但稍有区别的禁欲主义修道传统在维格汇合了。伊格纳季以前仅仅是辅祭，没有权力举办侍奉圣礼，因此倾向于撤销神职和圣餐礼。作为修士，他自己轻视婚姻。科尔尼利将极端的修道院禁欲主义和对荒芜生活的无限热爱带到这里，并且也将长期服务教会的成果和所掌握的教会知识带到这里。成为隐士后，他也没有丢失为基督教民众的命运负责的责任感。维库林和杰尼索夫从他那里继承了对古老俄国教会的忠诚。

维库林迁居到那里一年后科尔尼利去世了，据说享年125岁。他是从伊凡雷帝到彼得大帝期间所有俄国主教和10位俄国沙皇的同代人，他祝福维库林和杰尼索夫继续他的事业。

得益于维格村两位创立者的努力，他们的修道院在之后20多年不仅在北方沿海地区和反教堂派中间占据重要地位，并且在整个俄国旧礼仪派中间也举足轻重。维库林负责村社的组织方面，而安德烈主要负责思想方面的工作，他很快上升到旧信仰主要的神学家和思想家的地位，安德烈的兄弟——西蒙·杰尼索夫（Семен Денисов，1682~1741）在旧礼仪派中以充满激情的作家和古代信仰与俄国教会早期运动史的吹捧者身份而闻名。他们的经济组织能力很强，维格修道院似乎成了索洛维茨基修道院的继承者，后者在17世纪70年代被歼灭后很长时间都没能恢复过来。

安德烈·杰尼索夫非常清晰、有逻辑而且系统地编写了旧信仰的说明，也就是著名的《北方沿海派问答》（поморские ответы）①。这份问答是维格神甫的集体智慧结晶，但是其表述、撰写和出版主要是安德烈·杰尼索夫的劳动成果，部分是西蒙·杰尼索夫的成果。在这份问答中，安德烈没有像阿瓦库姆和拉扎尔那样陷入狂热和气愤，而是冷静地援引了许多资料分析传教士的问题，对俄国官方教会和旧礼仪派信徒之间的区别作出了详尽的解释。

从此以后，杰尼索夫兄弟在所有旧信仰信徒中间成了公认的权威。

---

① 主教公会传教士、分裂的揭发者、修士司祭涅奥菲特（Неофит）在和旧礼仪派信徒争论时，向维格村社的北方沿海派信徒提出了104个问题，《北方沿海派问答》就是对其的回答。

杰尼索夫兄弟的主要观点建立在俄国人民特殊的基督教历史道路的理论上。他们追随着菲拉列特、"白僧帽"的作者们、牧首叶列米亚（Иеремия）以及"爱上帝"小组成员和早期旧礼仪派信徒的步伐，确信只有罗斯能够在17世纪中叶以前保留纯洁的基督教。杰尼索夫兄弟没有满足于自己前辈的表述，他们通过丰富的修辞和语气展现了俄国古代东正教的恢宏和丰富。

杰尼索夫认为是俄国人民，而不是莫斯科罗斯的大公承担起了东正教真正继承者的角色。将基督教保卫者的身份从莫斯科转向整个俄国、从君主转向俄国人民符合杰尼索夫兄弟所倾向的重建教会教阶的观点。他们没有否认主教接受上帝恩典的必要性，而是提出了新的北方沿海派教会集体组织形式。他们在文章和信函中不止一次地强调了教会集体的开端，而不是教阶的开端。

杰尼索夫兄弟共同的思想是创建旧礼仪派的教会，希望在这个教会中重新确立充满信仰的神职和教阶，并且希望旧信仰不仅在罗斯重新确立，更要完成自己的世界使命，向世界指明应该怎样按照基督教的遗训生活。尽管安德烈在布道中经常有关于启示录的主题，并且提到了敌基督的到来是早期教会神甫写的《基里尔书》中指明的，但是他和西蒙从没有陷入末世论的绝望。

杰尼索夫兄弟在世时的维格没有成为反教堂派的一个狭隘分支，而是努力调和所有的旧礼仪派分支，试图在旧信仰的共同旗帜下将它们联合起来，甚至希望集中其力量使俄国回归古代东正教的理想，重新联合"全人类教会的统一体"。

安德烈·杰尼索夫认为旧礼仪派与官方教会的分歧主要集中在修订书籍上，在此事上他和教堂派信徒观点相似。他与教堂派保持着良好的关系，特别是和来自斯塔罗杜布的辅祭亚历山大走得很近。北方沿海派也相信神职人员，维格和韦特卡这两个地方曾一起派遣自己的"使者"寻找传承古代东正教传统的主教，希望这位主教能够重新确立教会中旧信仰教阶的完整性。不过，尽管在恩典、神职和奥秘问题上安德烈·杰尼索夫持妥协的态度，但他仍旧是反教堂派信徒，不承认尼康改革后的神甫。

俄国史学家通过对安德烈和西蒙学说的总结，发现其核心部分是对教会神圣性的信仰和对基督的信仰。尽管他们将礼仪提升到教条的高度，但是事实上，他们认为热烈的、完整的学说对于人的救赎是最重要的。

北方沿海派所奉行的宗教圣事分两类：获得拯救所必须遵守的和一般需要的。前者包括洗礼、忏悔礼和圣餐礼，其余的属后者。北方沿海派的圣事由世俗人员主持完成，没有祈祷仪式，宗教活动在无祭坛的小教堂举行。

起初，北方沿海派反对婚配，后来教徒中间出现了不同的看法，这导致北方沿海派中出现了一些小教派。婚配型北方沿海派教徒主张结婚并且在教堂里举行婚礼仪式；非婚配型北方沿海派教徒反对和拒绝结婚；半婚配型北方沿海派教徒认为，虽然每个人都应该尽力回避结婚，但是对于那些没有经过赐福就已经组成家庭的人，社会也不应予以谴责。在北方沿海派中，有一小部分人主张为沙皇进行祈祷，他们被称作祈祷歌派教徒。[①]

北方沿海派教徒是反教堂派中最温和的成员。

三　反教堂派内部的分裂

反教堂派没有系统、清晰和全面的神学表述，并且很快就

---

① 戴桂菊：《俄罗斯传统的民间东正教——旧礼仪派》，见乐峰主编《俄国宗教史》（上卷），第280页。

持反社会和反政府的观点，自身也迅速分裂成了更小的支派。
这些支派的不同没有集中在教会和恩典的规定等主要方面，而
是集中在对个别的仪式或者章程细节的解释等次要方面。除此
之外，反教堂派的分裂主要是由反教堂派第一批导师的追随者
后来激进化或者温和化引起的。

北方沿海派后来也分裂成了不同的支派，第一个分裂出
来的支派是菲利普派（филипповцы）。该派的世界观比原本
的北方沿海派更加激进，他们将自焚提升到教条的高度，把自
焚当作洗涤心灵、摆脱罪孽的方法，拒绝为沙皇祈祷，是坚定
的禁婚者，在学说方面逐渐接近费多谢耶夫派。1743 年，当
政府军队想逮捕菲利普的时候，他"和自己的追随者聚集到一
起，大概有 70 个人，男女都有，锁在屋子里，全部自焚了"。[①]
自 18 世纪下半叶起，菲利普派开始承担沙皇指派的任务，也
不再遵守不结婚的教规。[②]

在 18 世纪下半叶初，叶夫菲米（Евфимий）成了敌基督
说极端激进主义追随者的领袖，他在莫斯科的菲利普派信徒中
间居住了几年。通过观察自己的同信仰者，他得出结论：为了
与当权者妥协、服从城市的法律，他们心口不一、爱耍两面
派。按照叶夫菲米的观点，信徒应该断绝和社会、国家的一切
联系，即应不拿护照，不从军，不去法庭，不交税。1772 年，
叶夫菲米得出结论，真正的"东正教"信徒应该接受新的洗
礼，同时应该自己给自己施洗以确保与敌基督有关的任何人都
没有参与到他的重新受洗中。这样就产生了新的流派——云游
派（странники），或称为逃亡派（бегуны），他们一开始在

---

① Зеньковский С.А. Русское Старообрядчество. С.335.

② 戴桂菊：《俄罗斯传统的民间东正教——旧礼仪派》，见乐峰主编《俄国宗教史》
（上卷），第 282 页。

著名的自焚地波舍霍涅（Пошехонье）以及南部的雅罗斯拉夫省发展起来。菲利普派教导信徒，为了逃避政权追捕，应该在火中得救，而云游派信徒宣扬躲避追捕只需逃跑。①

　　云游派信徒的人数一直不多，但是他们的追随者仍旧很快扩展到俄国各个地方。云游派不仅居住在对于流动的逃亡者而言最合适的农村，并且也居住在首都——圣彼得堡或莫斯科，那里他们很容易在反教堂派中，特别是菲利普派和费多谢耶夫派的社团中找到栖身之地。莫斯科是费多谢耶夫派比较大的中心，19世纪40年代很多云游派信徒出现在了那里的变容"墓地"中。在莫斯科，云游派的宣传越来越具有反政府的特点，他们一边宣扬像"鸟类居住在美好的沙漠"那样，一边越发频繁地宣称"真正的基督徒在效忠沙皇的问题上应该是自由的，应该没有护照地生活"，在任何方面都不听从于当权者。就像反教堂派其他支派一样，云游派很快又分裂成更多其他流派和分支，包括无钱派、教阶派、反教阶派、结婚派云游者等。②

　　一方面反教堂派分裂出了更激进的"左派"分支，另一方面它也分裂出无数其他分支，特别是北方沿海派，奠定了温和派别的基础。在18世纪30年代北方沿海派信徒已经开始为沙皇祈祷了，而在17世纪90年代他们的代表还宣称他们是自由的福音信仰者，不为沙皇祈祷。18世纪40年代斯塔罗杜布的北方沿海派信徒伊万·阿列克谢耶夫（Иван Алексеев，1718~1776）开始宣扬回归婚姻，并且在巨著《婚姻的秘密》中阐述了自己的学说。很快，围绕他的思想形成了新妻子派，或称新北方沿海派，该派信徒承认被村社首领祝圣的婚姻。19

---

① 戴桂菊：《俄罗斯传统的民间东正教——旧礼仪派》，见乐峰主编《俄国宗教史》（上卷），第282页。

② Зеньковский С.А. Русское Старообрядчество. С.337.

世纪40年代教堂派信徒重新恢复了教阶，他们确立了自己的神甫，而不是从尼康教会中逃跑的神甫，而后者中大多数人与教堂派联合了。19世纪下半叶和20世纪初，反教堂派的很多其他支派信徒也转向了教堂派，他们为旧礼仪派重新确立的完整教会生活而高兴。

在反教堂派如此众多的派别中，有一派比较特殊——救世主派（нетовцы）。该派信徒认为祈祷并不能救赎，只有救主知道怎样拯救或者被拯救，因此他们有时称自己为救主派或者救主分子。该支派在农民中特别受欢迎，其次是在北伏尔加河沿岸地区的商人中间很流行。该派的导师是科济马（Козма），他是一名农夫，很粗鲁，认识一点儿字母。根据同时代人的观察和评价，救世主派与其他旧礼仪派信徒不是很接近。他们中能够找到的旧礼仪派的特点只有两指画十字，以及关于敌基督的非常模糊的说法。他们对奥秘不抱有希望，就像对待救赎的道路那样。他们对待礼仪的态度是纯粹表面的，没有任何神秘主义，他们内心没有任何信仰或者信仰很少。救世主派没有教堂，也不举行任何宗教仪式。由于否定一切圣事，该派还被称作否定派（нетовство），或译作"涅托派"。

在洗礼和婚配问题上，救世主派内部也存在着意见分歧。一些救世主派信徒主张在东正教堂中举行洗礼和婚礼，他们把这些看作入教的注册手续；巴布什金派主张由父母或助产婆为孩子进行洗礼；新救世主派信徒拥有为自己主持宗教礼仪的教导者；自洗礼派教徒则认为，洗礼只能由入教者本人进行；严格的涅托派否认洗礼仪式。[1]

他们从伏尔加河地区扩散到乌拉尔地区、南部地区和西

---

① 戴桂菊：《俄罗斯传统的民间东正教——旧礼仪派》，见乐峰主编《俄国宗教史》（上卷），第281页。

伯利亚地区，他们认为敌基督在统治着世界，恩典、神职权力和教会都没有了，只有向救主祈祷和在上帝面前忏悔才能被拯救。

19世纪上半叶从逃亡旧礼仪派（教堂派）中分离出小教堂派。尼古拉一世时期，官方对旧礼仪派加紧镇压和迫害，导致旧礼仪派神职人员严重匮乏。在这种情况下，部分教堂派教徒决定不再接受东正教神职人员主持祈祷，而代之以世俗教徒作为教导者。相应的，宗教仪式也改在没有祭坛的小教堂内举行，小教堂派因此而得名。

尽管小教堂派最初是从逃亡旧礼仪派即教堂派中分化而来的，但自形成之日起，从教义和宗教礼仪上看，他们已经转向反教堂派，所以一般都将该派列为反教堂派的一个分支小派别。小教堂派注重洗礼，该仪式由社团领导完成。婚配、祷告和圣餐礼被认为是次要礼仪，其中他们用面包和水做圣餐。小教堂派成员反对与异教徒接触，不吃食肉动物的肉，不喝含酒精的饮料及茶和咖啡等。

19世纪下半期，小教堂派传到西伯利亚和远东地区。十月革命后，小教堂派传到中国东北。中华人民共和国成立后，大部分小教堂派信徒移民澳大利亚、新西兰和巴西。20世纪60年代，许多小教堂派信徒从巴西移居美国，后来又到加拿大。20世纪80年代，生活在澳大利亚和北美的小教堂派发生分裂。结果，部分教徒加入别洛克利尼查教阶派罗马尼亚分会。据统计，20世纪末，俄国的小教堂派信徒共约200人，他们主要集中在俄国中部各州、布里亚特和图瓦共和国。①

20世纪末，俄国共有救世主派教徒约10万人，他们主要居住在

---

① 戴桂菊：《俄罗斯传统的民间东正教——旧礼仪派》，见乐峰主编《俄国宗教史》（上卷），第282~283页。

萨拉托夫、下诺夫哥罗德和弗拉基米尔州以及伏尔加河中游地区。①

尽管有大大小小很多的旧礼仪流派，1917年革命之前，旧礼仪派自己统计共有6个主要的旧信仰支派。

（1）教堂派，后来分裂成了强大的别洛克利尼查派、逃亡教堂派和小教堂派。别洛克利尼查派在1846年重新确立了自己的主教，革命前该派的信徒占所有旧信仰信徒的一半多，有600万～900万教民；逃亡教堂派继续从官方教会接收主教；小教堂派是尼古拉一世对旧礼仪派进行大屠杀后残留下来的旧礼仪派信徒，他们从那时候起就没有神甫，形式上是教堂派，实际没有神甫（被归为反教堂派）。

（2）北方沿海派或者新北方沿海派，他们从18世纪末开始原则上重新承认婚姻的必要性，该派的导师为新人们祝福。有信徒150万～200万人。

（3）旧北方沿海派和费多谢耶夫派，他们不允许结婚，但是实际上在自己的村社中恢复了家庭，不过其中一部分人仍旧反对在村社中重新确立家庭的一切尝试。有信徒200万～250万人。

（4）菲利普派，他们不承认婚姻。信徒人数不太多，推测有几千到一万人。

（5）逃亡派，他们和其他小的激进派别融合了。该派追随者的人数无法统计，但推算逾千人。

（6）救世主派，他们承认"伟大俄罗斯"教会中的婚姻是合法的登记。有信徒100万～200万人。②

旧礼仪派的每个流派都认为自己是正统教会，其他流派是异教徒，自己和其他流派在祈祷和圣餐仪式方面没有任何共

---

① 戴桂菊：《俄罗斯传统的民间东正教——旧礼仪派》，见乐峰主编《俄国宗教史》（上卷），第282~283页。

② 参见 Зеньковский С.А. Русское Старообрядчество. С.341.

同点，并且制定了其他流派的信徒转向本流派的仪式程序。不同的流派针对各派别制定了从忏悔到受洗的不同形式的接收仪式。

在逃离政府和官方教会的驱逐和迫害过程中，旧礼仪派信徒一方面分裂成很多小的派别，另一方面在俄国各个角落定居了下来，建立了自己的村社、隐修院、教堂，形成了多个旧礼仪派聚集地。

第四节　旧礼仪派信徒聚集地

1666~1667 年宗教会议后，旧礼仪派信徒被迫从莫斯科和其他大城市逃到俄国遥远的、几乎荒无人烟的边远地带。他们在定居的地方建立了修道院和隐修院，这成为他们宗教生活的源泉。这些地方产生了教会的领袖，培养了去堂区的神甫。这里也发放膏油，编纂各种面向信徒的信函，撰写捍卫旧礼仪派的文章，并且培养古东正教信仰的捍卫者和宣扬者。成百上千的修士联合在大型的和权威的修道院的领导之下。在旧礼仪派中这样的聚集地有几个，其中以教会活动而闻名的有以下中心：喀尔日涅兹（Керженец）、斯塔罗杜布、韦特卡、伊尔吉兹和莫斯科的罗戈任斯基墓地。

一　喀尔日涅兹

喀尔日涅兹是河流的名字，该河流经下诺夫哥罗德区的西蒙诺夫区域，流入伏尔加河。所有它覆盖的支流也叫这个名字。17 世纪这里曾经是茂密的森林，几乎不可跨越，这使得受迫害的基督徒能够躲避残酷的敌人。喀尔日涅兹河的周围也主要是旧礼仪派信徒居住的地方，他们都没有接受尼康的改革。在喀尔日涅兹的修道院有很多教堂，这里接收从尼康教会逃离的神甫，他们也向全俄国派遣自己的神职人员完成圣礼。在修道院中有许多捍卫旧信仰的文章和圣像画。到17世纪末，在喀尔日涅兹已经有男修道院和女修道院将近100座。彼得一世的时候它们开始遭到破坏。这个地区和整个下诺夫哥罗德省的旧礼仪派信徒的主要迫害者是下诺夫哥罗德的皮季里姆主教。他刺激沙皇对抗这些旧礼仪派信徒。这个时期喀尔日涅兹的许多旧信仰者被流放和被迫服苦役，遭受拷问，还有一些被处死了。大破坏后，大批旧礼仪信徒从这里逃到了西伯利亚斯塔罗杜布等地方。

二　斯塔罗杜布

斯塔罗杜布市及周边地区以前连接着车尔尼克夫斯基省北部地区的几个县。旧礼仪派信徒于17世纪至18世纪在这里建立了居住地。当时斯塔罗杜布与波兰和立陶宛接壤，那里有很多河流、沼泽和无法穿越的森林，因此这里的自然条件允许他们躲避迫害。当时，当地的政权温和并且宽容地对待这些基督徒，有时候甚至保护他们。但是沙皇政权没有让旧礼仪派信徒在这里安静地生活。索菲亚统治时期他们开始被驱赶。1666~1667年宗教大会之后，莫斯科的神甫科济马和神甫斯捷潘立刻就逃到了这里。他们过着游移的生活，在人们中间很受尊重。当政权在这些地方开始进行迫害时，他们和教民一起逃往了波兰的边界村庄——韦特卡。后来旧礼仪派信徒又顽强地在该处定居了下来。到18世纪末，斯塔罗杜布有三座男修道院和一座女修道院、17座教堂、16座开放的小教堂和许多小的隐修院。

现在那里仍有一些有名的旧礼仪派村庄，生活着许多旧礼仪派信徒的后代：克里尼茨（Клинцы）、斯维亚茨克（Святск）、克利莫瓦（Климово）、米吉科福瓦（Митьковка）、沃罗诺克（Воронок）和卢日基（Лужки）。

三　韦特卡

韦特卡是波兰境内的一个村庄。旧礼仪派信徒在波兰享有自由，这里没人驱赶他们。逃到这里的俄国旧礼仪派信徒不仅来自斯塔罗杜布，还来自俄国其他地方。很快，波兰这个最早的旧礼仪派信徒村落周围形成了大概 20 个新的村落，每一个都有自己的名称。但是所有旧礼仪派信徒居住的地方都有一个统一的名字——韦特卡。在很长的时间内，韦特卡充当着旧礼仪派宗教生活的领导中心。沙皇政府很关注这个旧礼仪派宗教中心，但是由于韦特卡位于国外，他也无能为力。当波兰王国逐渐衰弱的时候，俄国政府开始逐步消灭韦特卡。

1734 年，韦特卡的旧礼仪派信徒接受了来自尼康派的主教叶皮凡尼。他在韦特卡停留了不到一年，按立了 14 位神甫。俄国政府知道以后在第二年急忙向韦特卡派遣了五个团的远征军，他们突然包围了所有的旧礼仪派村落。旧礼仪派信徒全部被捕了，没人能够逃跑。俄国政府对修道院、修道小室和住户进行了地毯式搜查。他们逮捕了所有的人，抢夺了所有找到的东西，所有建筑都被烧毁了。叶皮凡尼被监禁在基辅的一个要塞里，很快就在那里去世了。俄国军队在韦特卡的修道院和隐修区中逮捕了大概 300 位修士、800 多位修女。他们被分散到官方教派的多个教会中，受到严格的监督。韦特卡的所有居民被流放到了后贝加尔边疆区和东西伯利亚，当时他们还带着自己四位神甫的圣骨。当局得知以后，下令将这些圣骨烧毁。尽管政府没有给这些被流放者提供任何帮助，仅仅将他们扔到了荒野，但是他们在新的地方很快能够正常生活了。

这次对韦特卡的歼灭在历史上被称为"第一次驱逐"。在被烧毁的地方很快就出现了新的居民，又出现了村落和隐修区。5 年后韦特卡从灰烬中复活了，有修士 1200 人、修女不到 1000 人，共有居民 4000 人。叶卡捷琳娜二世统治时期开始了对韦特卡的"第二次驱逐"。后来又有第三次。但是每次驱逐后都有人重新在韦特卡定居下来。

四 伊尔吉兹

伊尔吉兹是伏尔加河的一个大的支流，流入萨拉托夫斯基（Саратовской）和萨马尔斯基（Самарской）地区的东南部。在叶卡捷琳娜二世统治时期，很多旧礼仪派信徒居住在这里，建立起多个隐修区和修道院，统一称为"伊尔吉兹"。无论修道院还是周边地区，都居住着叶卡捷琳娜二世从国外召回的旧礼仪派信徒。在对旧礼仪派进行残酷迫害的时期，许多人逃到了国外：波兰、瑞典、罗马尼亚、土耳其、普鲁士、中国，甚至日本。叶卡捷琳娜二世即位后，颁布了通告，号召国外的旧礼仪派信徒回到俄国，并且允许他们过平静的生活。旧礼仪派信徒高兴地响应了这个号召，大批人努力回到国内。政府将伊尔吉兹地区划分给他们。伊尔吉兹修道院很快就在旧礼仪派的教会—社会生活中占据重要地位。该修道院有上百名神甫，他们在旧礼仪派的许多堂区做礼拜。在历史某个时期，这里一度有200多名神甫。伊尔吉兹的荣誉和意义要高于喀尔日涅兹、韦特卡和斯塔罗杜布。这里的教堂建筑很宏伟，内部装饰很丰富。叶卡捷琳娜女皇曾经赠予伊尔吉兹的尼古拉教堂一件绣上了她的名字的锦缎神甫法衣。但是尼古拉一世统治时期伊尔吉兹修道院被全部毁灭了。

五 罗戈任斯基墓地

罗戈任斯基墓地从建立之初就一直是俄国旧礼仪派教会的领导中心，至今仍是如此。[①] 罗戈任斯基墓地位于莫斯科东部

---

① 参见 Мельников Ф.Е. Краткая историоя древлеправославной церкви. С.131–138。

的郊区，建立于莫斯科瘟疫盛行的时期，当时俄国是由叶卡捷琳娜二世统治的。1770 年 12 月莫斯科爆发了瘟疫，1771 年 3 月疫情变得特别严重，每天都有成百的人死去。当权者下令关闭市内所有的墓地，死者都被安葬在莫斯科郊外农村的乡村墓地中。在这些被关闭的墓地中有两处是旧礼仪派的。这两个带小教堂的特殊墓地从 1718 年就归教堂派所有。政府在距离罗戈任斯基关卡 3 俄里的地方为教堂派划出了专门的地方安葬最近逝世的旧礼仪派信徒；同时允许反教堂派在距离变容村不远的地方建造自己的墓地。

最初出现在罗戈任斯基墓地的是一对旧礼仪派兄弟的坟墓。在叶卡捷琳娜二世的允许下，墓地周围建立起旧礼仪派信徒的栖身之地和收容所，还建立了两座小教堂（石制的和木制的）。叶卡捷琳娜二世宽容地对待旧礼仪派信徒是有所企图的，她想知道这些富裕的旧礼仪派信徒——企业家和商人会给国家带来什么利益。叶卡捷琳娜是 1762 年登上俄国沙皇宝座的，就在这一年她颁布法令，邀请逃亡到国外的旧礼仪派信徒回到俄国。首先受到邀请的是韦特卡的居民。这些旧信仰者被允诺享有以下优待：允许他们不剃胡须、穿民族服装以及免交 6 年的赋税。法令颁布后女皇又下达了一些命令，旨在改善旧信仰者的境况。她取消了彼得大帝颁布的剃胡须、禁穿俄国长衫以及征收双头税[①]的法律；禁止称古代教会的拥护者为"分裂分子"，下令以后称呼他们为"旧礼仪派信仰者"。

正是得益于这种宽容，旧礼仪派在叶卡捷琳娜二世统治时期能够自由地建造宏伟壮观的教堂。

与官方教派分裂后，旧礼仪派信徒失去了他们的圣地——

---

① 为了筹集常规军的费用，彼得大帝下令每年对男性公民进行人口登记，根据名单每年对每人征一次税，1782 年前分裂派分子需要支付两倍的税费，故称双头税。

莫斯科克里姆林大教堂，此时他们在罗戈任斯基墓地建造了新的圣地——圣尼古拉教堂、圣母庇护教堂和基督降生教堂。

1771年旧礼仪派信徒在罗戈任斯基墓地建立了木质的小教堂，命名为圣尼古拉教堂。五年之后，即1776年，教堂由旧礼仪派教堂派的莫斯科商人团体出资改建成了石质的。

1791年在莫斯科市长普罗佐夫斯基（Прозоровский）的允许下开始建造没有供暖设备的、夏季用的小教堂，命名为圣母庇护教堂。大部分的旧礼仪派教堂都叫圣母庇护教堂，因为传统上认为，圣母的庇护使得旧礼仪教会战胜了苦难和不幸。庇护教堂是罗戈任斯基旧礼仪派村落的主要教堂，在很长一段时间内也是莫斯科市内所有教堂中规模最大的一座。按照最初的设想，这座教堂能够容纳将近3000位祈祷者，有半圆屋顶和五个角，在规模上将超过升天大教堂。但是圣母庇护教堂最终没有建得如最初设计的那样宏伟壮观，原因是当时的圣彼得堡都主教加夫里尔（Гаврил）得知了这项宏伟的建筑计划，向女皇告密，说旧信仰者"开始建设在空间和规模上都超过圣母升天大教堂的教堂，这是为了用他们教堂的宏大来侮辱普通人民心中俄国最大的教堂"。女皇得知这一消息后大怒。莫斯科市长普罗佐夫斯基不得不在叶卡捷琳娜面前为自己辩护，保全自己。他下令立刻打掉半圆屋顶，缩小建筑规模，只建造一个头的教堂。因此庇护教堂看起来有些奇怪，外表很宏大但却是结构简单的大房子。女皇捐给莫斯科旧礼仪派信徒一本银边镶嵌的皇家福音书，该福音书被恭敬地保存在庇护教堂的祭坛上。但是教堂内部的装饰不仅给旧礼仪派信徒，也给他们的敌对者留下了深刻的印象。墙壁和拱顶是用古俄国风格描绘的，教堂被巨大的烛台和枝形灯装饰着。教堂中保存了13~17世纪丰富的古代俄国圣像画。如今这里仍可以看到稀有的藏品，比如14世纪的大救世主圣像画。19世纪在庆祝大的节日时，这个教堂刚好能容纳来自莫斯科各个地方的祈祷者。

1804 年旧信仰者成功地建造了有供暖设备的、冬季用的小教堂，命名为基督降生教堂。

这座教堂坐落于庇护教堂的南部，建立于 1804 年，是按照设计师茹科夫（И. Д. Жуков）的方案建造的巴洛克风格的教堂。教堂里有暖气，每年的 10 月 14 日到次年的受难周周六在这里进行礼拜，其余时间在没有暖气的庇护教堂进行礼拜。教堂饰有古代风格的壁画和许多圣像画。1812 年教堂被法国人抢劫了，有马刀划痕的圣像见证了这点。这座基督降生教堂的祭坛在 1856 年 7 月 7 日被查封了，一直到 1905 年 4 月 16 日才解封，因而这段时间教堂被当作小教堂（没有祭坛的教堂）来用。从 19 世纪上半叶开始，除了礼拜，这里也举办教会会议。20 世纪初，教堂中举办了几次旧礼仪派的会议。1929 年降生教堂被关闭了。20 世纪 20 年代穹顶和园亭遭遇火灾，被拆掉了，墙上的壁画受损，礼拜用的器具也被陆续拿走了。教堂变成了工人食堂，通往教堂台阶的入口被建成了厕所。教堂在不同的年代先后被用作工厂车间和防空洞。降生教堂的对面有 19 世纪中叶建造的两座双层建筑。一座在革命前是修道小室，另一座是神职人员的房间。1995 年 2 月，这两座建筑被归还给了俄国旧礼仪东正教会。2008 年 8 月 25 日在主变容节上，消失了 70 多年基督降生教堂穹顶被修复了。2008 年 12 月 2 日隆重举行了庆祝教堂穹顶安放十字架的活动。十字架被放到穹顶上以后，教堂的高度达到了 47 米。

教区的居民——莫斯科富有的商人将这些教堂装饰得空前奢华。在教堂中有镶银边和镀金的带古代字迹的圣像画，上面撒着宝石和珍珠，还有银质的烛台和沉甸甸的蜡烛，镀金的圣像壁和富丽堂皇的器具。但是只有庇护教堂里面的陈设保存到了今天。

除了这三座主要的教堂，比邻庇护教堂矗立着的是基督复活钟楼教堂，该教堂自 1947 年改名为圣母安息钟楼教堂。

钟楼建立于 1907~1910 年，是为了纪念罗戈任斯基墓地教堂的解封。1913 年在钟楼建筑物的一层祝圣了小的复活教堂。教堂的圣像壁是由 15~17 世纪诺夫哥罗德和莫斯科的古代圣像装饰的。在钟楼中也建造了保存稀有书籍和古代手稿的房间。建立钟楼教堂的资金是著名的旧礼仪派企业家家族捐赠的，他们是库兹涅佐夫家族、莫洛佐夫家族、普戈夫金家族和拉赫曼诺夫家族（Кузнецовы，Морозовы，Пуговкины，Рахмановы）。钟楼高大约 80 米，只比克里姆林宫的伟大的伊万钟楼低 1 米，与古代的柱形教堂和钟楼类似。钟楼的正面有童话中鸟的浮雕。

20 世纪 20 年代中期，钟楼上的钟被撤掉了，1933 年基督复活教堂被关闭了。此后，钟楼被用作了仓库。1938 年被雷击后，钟楼上的十字架坠落了。教堂门前的台阶和吊钟下面的部分在战争时被炸毁了，但是钟楼建筑主体保留了下来。1947 年钟楼被转交给旧礼仪派主教使用。很快教堂被重建了，挨着它建立了一座附属建筑——圣母安息教堂，这是为了纪念圣母安息而重新祝圣的教堂。

1990 年钟楼上重新升起了钟。整个钟重 4293 千克。现在钟楼教堂图书室已经被修复了，一楼和二楼的房间中陈列着稀有书籍、手稿和教堂器具。在钟楼附近有一个小书店，出售旧礼仪派的文献和书籍。

罗戈任斯基墓地的教堂被认为是没有祭坛的小教堂，因此里面只进行晚课、早课、半夜祷告、日课和祈祷，以及完成洗礼、忏悔和加冕礼。在尼古拉小教堂中对死者进行安魂祈祷。

圣尼古拉教堂，图片来源：https://architectstyle.livejournal.com/927271.html。

圣母庇护教堂，图片来源：https://architectstyle.livejournal.com/927271.html。

钟楼，图片来源：https://architectstyle.livejournal.com/927271.html。

建筑群景观，图片来源: https://architectstyle.livejournal.com/927271.html。

对婴孩的洗礼是在降生教堂中进行的，那里有 46 个洗礼盘。神甫有时在教堂中，有时在自己的房子内进行忏悔。神甫于圣周四一年一度秘密地进行侍奉礼仪，以圣化备用的祭品。他们使用流动的随军教堂，以免引起当权者的愤怒。随军教堂好像帐篷一样，里面有铺着祭台布的折叠供桌，在危险的情况下可以迅速将其拆开，隐藏起来。

环绕着墓地形成了罗戈任斯基村落。除了教堂，这里还有医院、养老院、孤儿所、神甫的住所和五座女修道院。

修女和见习修女会做一些手工制品：用丝绸、金子和小玻璃珠子缝制腰带，纺织麻布。

这里为墓地和养老院的负责人设立了专门的办公室，由监护人管理。为了完成礼拜，办公室根据安排派遣神甫带着备用的圣祭品、圣油和圣水去往偏远的地区。境况好的时期，罗戈任斯基墓地有 12 位神甫和 4 位辅祭。

最有名和最受尊敬的墓地神甫是约翰·马特维耶维奇·亚斯特列波夫（Иоанн Матвеевич Ястребов，1770~1853）神甫。1803 年，由于坚信古老信仰的真理性，他离开主教公会教堂，来到罗戈任斯基村。约翰和自己的妻子在这里生活了 50 年。

在叶卡捷琳娜二世和亚历山大一世时期旧礼仪派没有遭受迫害，罗戈任斯基墓地的教堂平稳地度过了这段时期，但是随着尼古拉一世的继位，旧礼仪派的沉重时代到来了。

1827 年政府下令禁止旧礼仪派信徒接收来自官方教会的神甫。最后一位转到旧礼仪派的神甫去世后，按照都主教菲拉列特（Филарет）的命令，庇护教堂和基督降生教堂的祭坛被查封了。

1917 年革命之后，墓地失去了自己纯粹的旧礼仪派色彩。1928 年钟楼上的钟被扔掉了。1929 年基督降生教堂关闭了，它被破坏了将近一半。水塘被填满，历史建筑被毁坏，甚至罗戈任斯基公墓的旧礼仪派信徒家庭墓室的大理石都被运去建设地铁了。1930 年和 1940 年间在墓地秘密埋葬了政治迫害的牺牲者，其中包括 1941 年 10 月被枪毙的军事领袖 Я. В. 斯穆什科维奇（Я. В. Смушкевич）、П. В. 雷奇科夫（П. В. Рычагов）、Г. М. 什焦恩（Г. М. Штерн）和 А. Д. 洛克季奥诺夫（А. Д. Локтионов）。在这里还有两对兄弟的坟墓，他们是在伟大的卫国战争中牺牲的军人，死于莫斯科医院中。

在苏联时期，属于旧礼仪派修道院的 18 公顷土地中，有 16 公顷（即超过 80%）都被用来建设莫斯科自动作业线工厂和特殊机床厂的建筑。

死于 1771 年瘟疫的兄弟的坟墓也没有被放过，它坐落于墓地的东部，那里是个大土丘。该处进行了爆破，然后被修平了，上面建起托儿所。托儿所一直存在到 20 世纪 70 年代，后来在这个地方改建成学院。墓地的北部建起了彼罗夫斯基（Перовский）集体农庄市场，一直存在到 20 世纪 40 年代。现在那里是塑料科学院的建筑。在墓地的西部，紧挨着墓地的墙一直到旧礼仪街道，挖了一个大坑。1945 年战争开始的时候经常有窗户被涂白的汽车来到这里，汽车中装载着尸体。这些尸体被投入大坑，上面只填一层沙土。下一次运送尸体的车到来时仍将尸体扔进坑里，再往表面填一层沙土。在这个共用的坟墓中安息着成千上万的无名人士。现在，这个奇怪的共用坟墓上面的草坪又矗立着新的单独的坟墓。

1993 年，旧礼仪派的都主教呼吁归还属于旧礼仪派的土地和建筑，这个问题被递交给莫斯科市长 M. 卢日科夫（М. Лужков）和俄联邦总统办公厅厅长 C.A. 菲拉多夫（Филатов）领导下的委员会研究。1995 年 2 月 7 日颁布的莫斯科政府第 102 号法令规定将神学中心的土地和建筑归还给旧礼仪派教会。1996 年制定了修复罗戈任斯基墓地历史建筑群的草案。2005 年莫斯科市长 M. 卢日科夫签署了修复罗戈任斯基村落建筑群的法令。

第五章　当代俄罗斯旧礼仪派

从 17 世纪 80 年代到 21 世纪的 300 多年间，尽管俄国的政治和社会经历了许多重大变化，俄国东正教会的命运也几经波折，但东正教旧礼仪派却能够保存下来，并在当代俄罗斯占据着独特的社会地位，在社会文化方面发挥着自己的独特作用。如今他们已得到官方的认可，地位已经合法化。

在当今俄罗斯，旧礼仪派的问题，包括其历史和现实方面，在很大程度上具有了政治层面的意义。在俄罗斯，不少社会文化运动以及纯粹的政治和党派运动都打出了回归俄罗斯文化根基和起源的口号。近几年，俄罗斯社会将旧礼仪派信徒看作俄罗斯传统文化的携带者，因此研究旧礼仪派的现状对当代俄罗斯社会仍然具有重要意义。

第一节　当代旧礼仪派的主要情况

目前世界各国共有旧礼仪派信徒近 300 万人①，在俄罗斯国内推算有 200 多万②。当今俄罗斯旧礼仪派没有一个统一的教会，而是由各个支派组成。主要是以下四个分支：属于教堂派的有俄罗斯东正教旧礼仪派教会和俄罗斯古代东正教会，其中前者是当今最大的旧礼仪派组织；属于反教堂派的有古代东正教会北方沿海教会和费多谢耶夫支派。

根据俄罗斯司法部最新数据，2018 年底，俄罗斯联邦已

---

① 戴桂菊：《俄罗斯传统的民间东正教——旧礼仪派》，见乐峰主编《俄国宗教史》（上卷），第 284 页。

② Старообрядцы возвращаются на родину. 07.10.2018. https://www.vesti.ru/doc.html?id=3068959&cid=7.

注册并活跃着 387 个旧礼仪派宗教社团。① 旧礼仪派各支派注
册社团数量及主要分布情况可见于下表。

旧礼仪派各支派注册社团数量及主要分布情况

派别名称		注册社团数量	行政中心	主要分布地区	
				俄罗斯	其他国家
教堂派	俄罗斯东正教旧礼仪派教会（Русская православная старообрядческая церковь）	206	莫斯科东郊的罗戈任斯基墓地	莫斯科 圣彼得堡 特维尔州 西伯利亚 顿河流域 乌拉尔地区 喀山地区 远东	乌克兰 摩尔多瓦 德国
	俄罗斯古代东正教会（Русская древлеправославная церковь）	112	诺瓦捷波科夫（Новозыбков）	布良斯克 库尔斯克 沃罗涅日 列宁格勒地区 伏尔加河流域 乌拉尔地区 西伯利亚 后贝加尔 远东	罗马尼亚 保加利亚 西欧 乌克兰 白俄罗斯 哈萨克斯坦
反教堂派	古代东正教会北方沿海教会（Древлеправославная поморская церковь）	46	圣彼得堡	萨马拉州 西伯利亚 克拉斯诺达尔地区	白俄罗斯 乌克兰 爱沙尼亚 拉脱维亚 立陶宛 波兰 美国 哈萨克斯坦 吉尔吉斯斯坦 摩尔多瓦

① число религиозных организаций зарегистрированных в российской федерации на конец 2018 г. https://www.gks.ru/storage/mediabank/02-11.docx.

续表

派别名称	注册社团数量	行政中心	主要分布地区	
			俄罗斯	其他国家
反教堂派 费多谢耶夫支派（Федосеевское согласие）	11	莫斯科的变容社团和喀山的旧北方沿海社团	莫斯科 喀山 下诺夫哥罗德 基洛夫州	拉脱维亚 白俄罗斯
其他支派	12			

资料来源：根据以下俄文网站归纳整理——

https://www.gks.ru/storage/mediabank/02-11.docx；

https://staroobrad.ru/modules.php?name=Pages&pa=showpage&pid=1；

https://yandex.ru/turbo?text=https%3A%2F%2Fruvera.ru%2Frdc；

https://pravoslavnaya.academic.ru/6458；

https://yandex.ru/turbo?text=https%3A%2F%2Fruvera.ru%2Ffedoseevcy。

一　俄罗斯东正教旧礼仪派教会（РПСЦ, Русская православная старообрядческая церковь）

俄罗斯东正教旧礼仪派教会旧称别洛克利尼查教阶古东正教基督教会。别洛克利尼查教阶建立于 1846 年，即都主教阿姆福罗希加入逃亡旧礼仪派后。这件事发生在奥地利旧礼仪派信徒的聚集地别洛克利尼查村，因此该流派以此为名。1853年，别洛克利尼查教阶在俄国大地上形成。19 世纪下半叶和 20 世纪初该支派发生了几次分裂，到 20 世纪中叶这些分裂已基本被克服。在俄罗斯，东正教旧礼仪派教会承认东正教会所有的圣礼，承认官方教会的使徒继承性，以及（在三指画十字的情况下）受洗的正确性。

该派教会的领导是莫斯科和全罗斯都主教科尔尼利。教会权力的高级机构是每年召开的圣宗教大会，教会行政上分为不

洗礼，教堂派别洛克利尼查派信徒，2018 年，摩尔多瓦。图片来源：莫斯科大学历史学系古文献学教研室主任、俄罗斯科学院研究员娜塔莉亚·维克多罗夫娜·利特维娜（Наталья Викторовна Литвина），特此感谢。

同教区。现在在俄罗斯有 12 个教区和 7 位主教。根据 2015 年俄罗斯司法部的数据，该教会共有 184 个注册的宗教组织，还有一座修道院。在莫斯科有附属于都主教辖区的教会学校，以及教会历史博物馆和带有阅览室的社会图书馆。其莫斯科都主教辖区与俄罗斯境外的独联体国家社团保持着联系，并且在乌克兰和摩尔多瓦还有教区。

俄罗斯东正教旧礼仪派教会和罗马尼亚的兄弟教会保持着合乎教规的交往，罗马尼亚有 6 个教区，大概有 70 个堂区。

近年来，俄罗斯东正教旧礼仪派教会积极开展教会和社会活动，建立了新的教堂，组织社团，进行十字架游行，表演大合唱，举办摄影展，等等。除此之外，该教会还在其他旧礼仪派支派中开展传教活动，甚至在非洲也举办传教活动。

该教会有自己的官方网站，也有自己的位于莫斯科罗戈任斯基墓地的行政中心。这里经常举办该派别的各种活动，比如举办了纪念旧礼仪派著名活动家的展览，经常邀请学者来做讲座，讲述教会的历史、现状以及国外的同信仰者的情况，等等。这里也是莫斯科乃至全俄罗斯旧礼仪派信徒的聚集地。旧礼仪派信徒在重大节日及其他特殊日子都会聚集在这里，庆祝节日，商讨自身的问题与发展。比如2017年1月22日，大概有100名莫斯科旧礼仪派信徒聚集于此谈论堂区的事务、首都旧礼仪派社团互助的方式和莫斯科旧礼仪派的未来发展等问题。

该派都主教科尔尼利经常参加各种社会政治活动。比如2017年1月22日，他作为俄罗斯总统下属的宗教组织互助委员会的成员参加了"统一俄罗斯"党的全体会议。2017年1月26日，科尔尼利主教还参加了俄联邦国家杜马的圆桌会议——"宗教，社会，国家"，在会议上向杜马议员作了报告，请求归还属于旧礼仪派教会的教堂。2017年3月16日，科尔尼利还和俄罗斯总统普京进行了历史性的会面，这是近350年来俄罗斯政府首脑首次正式接见旧礼仪派主教，意义非凡。普京与科尔尼利讨论了与宗教生活和发展有关的问题，并且讨论了在2020年庆祝阿瓦库姆诞辰400周年纪念活动的相关事宜。[①] 从这些事件中可以看出俄罗斯官方对他们很重视，他们已经积极地融入到俄罗斯政治、社会和文化生活中。

二　俄罗斯古代东正教会（РДЦ, Русская Древлеправославная Церковь, «новозыбковское» согласие）

另一个比较大的教堂派支派是俄罗斯古代东正教会，该

---

① 参见 Президент Путин встретился со старообрядческим митрополитом Корнилием. 17.03.2017. http://starove.ru/izbran/prezident-putin-vstretilsya-so-staroobryadcheskim-mitropolitom-korniliem/。

受洗前，反教堂派北方沿海派信徒，2014 年，别尔姆边疆区。图片来源：娜塔莉亚·维克多罗夫娜·利特维娜。

组织形成于 20 世纪初，在官方教会的大主教尼古拉·波兹涅夫（Никола Позднев）和主教斯捷凡·拉斯托尔古耶夫（Стефан Расторгуев）加入旧礼仪派后建立了教阶。该教派联合其余的逃亡教堂派信徒，不承认已经存在的别洛克利尼查教阶。教会最大的神学中心位于诺瓦捷波科夫。20 世纪末该教派发生了几次分裂，现在已经被克服了。

俄罗斯古代东正教会承认东正教会的所有圣事，承认官方教派的使徒继承性和三指画十字情况下受洗的正确性。

该教会的领导是莫斯科和全罗斯大牧首亚历山大，教会的最高管理机构是定期召开的圣宗教大会。位于俄罗斯的教会行政上分为 6 个主教区，有 4 位主教。还有 2 个主教区在俄罗斯境外，那里有 2 位主教，此外还有 2 位主教已经退职了。根据俄罗斯司法部 2015 年的数据，该教会在俄罗斯有 105 个宗教组织、5 座修道院和 1 所学校，此外在诺瓦捷波科夫还有高等神学院。①

俄罗斯古代东正教会与格鲁吉亚古东正教会保持着合乎教规的交流。

在参与社会活动方面，该教会不像俄罗斯东正教旧礼仪派教会那样积极。

三 古代东正教北方沿海教会（ДПЦ，Древлеправославная Поморская Церковь）

当今俄罗斯主要的反教堂支派是古代东正教北方沿海教会，旧称旧礼仪派北方沿海教会（1909~1989 年）。北方沿海教会形成于 17 世纪末，17 世纪教会分裂前按立的最后一批神甫去世后，该教派拒绝接收从官方教派逃离的神甫。之所以被称为"北方沿海派"，是因为该支派信徒遵守北方沿海的礼拜章程。从 17 世纪末到 19 世纪中叶，北方沿海教会的主要神学中心是卡列里（Карелии）的维格修道院。18 世纪上半叶，该教会因为对待婚姻和对待政权的态度不同发生了分裂。在反教堂派中，北方沿海派持最自由的立场，其最高的权力机构是由平信徒组成的宗教大会。在宗教大会举办的间隔期由北方沿海派俄罗斯委员会掌控教会事务，委员会主席是奥列格·伊万诺维奇·罗赞诺夫（Олег Иванович Розанов）。

古代东正教北方沿海教会分为 9 个教区，这些教区有各自主要负责的社团，而在另一些地方有区域委员会。根据司法部 2015 年的数据，该教会有 48 个地区性的组织注册，但是还有更多社团没有注册。该教会在圣彼得堡有函授神学校。古代东正教北方沿海教会的社团经常组织教学活动、出版活动及其他

---

① Старообрядчество в современной России. 10.11.2016. http://ruvera.ru/articles/staroobryadchestvo_rossii.

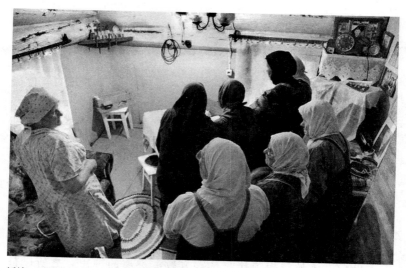

祈祷，反教堂派北方沿海派信徒，2014 年，别尔姆边疆区。图片来源：娜塔莉亚·维克多罗夫娜·利特维娜。

关乎教会和社会发展方向的文化启蒙活动。

　　该教会在其他国家也有自己的地方协会，这些协会处于古代东正教北方沿海教会中央或者高级委员会的领导下。不同国家（爱沙尼亚、拉脱维亚、立陶宛、波兰和乌克兰）的地方协会保持着联系和教规上的统一。

　　古代东正教北方沿海教会承认东正教会中的所有圣事，但是由于没有神职人员，他们只进行两种礼仪——允许由平信徒完成的洗礼和忏悔礼。根据宗教大会的决议，基督教婚姻会受到祝福。

四　古代东正教会古北方沿海派费多谢耶夫教会
（Древлеправославная Старопоморская Церковь федосеевского согласия）

　　费多谢耶夫派是当今俄罗斯另一个大的旧礼仪支派。该派信徒在 2014 年注册了自己的教育发展中心，主席是科热夫·康斯坦丁·维克多维奇（Кожев Константин Викторович）。该派的大部分社团按照传统保留了自治权，他们没有按照国家规定先注册再组织活动。社团主要在俄罗斯的欧洲部分推广、传播。

在没有神职人员的情况下，费多谢耶夫派只完成两种礼仪：洗礼和忏悔礼。该派形成于 18 世纪初期，他们与北方沿海派的分歧是在没有神职人员的情况下能不能缔结教会婚姻。该派的名称是为了纪念他们的宗教导师和神甫费奥多西·瓦西里耶夫，它有两个主要的神学中心——莫斯科的变容社团和喀山的旧北方沿海社团。

这四个大的旧礼仪派支派的思想和活动在当代俄罗斯比较活跃。近年来他们积极出版新的出版物，扩大教会协会，不断改变协会组织结构。这些外部现象也反映了发生在旧礼仪派内部的深层进程。

最近几年，这四大支派的组织结构不断扩大，宗教中心得到巩固。各个支派都出现了新的社团，他们开设了新的教堂和宗教学校，并且开始出版新的教会刊物和宗教社会刊物，各自的宗教中心和教会行政机构积极活跃地组织各种活动。

尽管旧礼仪派面临着很难解决的财务问题，他们仍旧为修复旧礼仪派圣物等宗教和物质遗产而不懈努力。旧信仰者在这方面积极地和科学界、文化界的代表们开展合作。

当今旧礼仪派已经不再被国家和俄罗斯东正教会视为分裂派，旧礼仪派已经跨进俄罗斯传统宗教的行列，成为东正教牢不可分的一部分。国家积极与旧礼仪派社团、组织互动，并且向他们提供帮助。

从社会层面看，当今旧礼仪派一方面成了俄罗斯传统文化的一部分，另一方面旧礼仪派信徒也融入了普通俄罗斯人民的生活，从事着自己的生产活动。现在，旧礼仪派已经不再被当作异教徒、受到周围人的排斥与驱赶，相反，他们引起了俄罗斯普通大众的兴趣，被视为"消失的俄罗斯"的重现，是现代人和过去的联系。旧礼仪派信徒严格的生活准则，以及所保留的古代俄罗斯的生活习俗与文化都受到了社会的关注。

旧礼仪派信徒也不再像以前那样封闭。他们会向周围人讲述自己的家族历史和莫斯科旧礼仪派的情况，并且允许非旧礼仪派信徒进入他们的教堂，观看侍奉圣礼。当今的旧礼仪派信徒除了去自己专门的教堂外，在其他方面与普通俄罗斯人的生活并无大异，比如他们也从事医生、学者、教师等普通职业，他们的孩子与官方教派信仰的孩子去一样的学校上课。

除了普通大众，俄罗斯社会政治媒体也对旧礼仪派非常感兴趣。经常会有电视台和杂志记者对当代旧礼仪派社团进行采访，从这些采访中我们可以得知他们现在真实的生活状况。

《东正教百科》电视节目就有专门的一期介绍了当代俄罗斯最大的旧礼仪派支派——俄罗斯东正教旧礼仪派教会的情况，从中可知旧礼仪派正在复兴。俄罗斯政府为其复兴创造了良好的环境，旧礼仪派信徒可以自由组织自己的宗教活动。都主教在采访中坦言："我们能够像现在这样自由信奉自己信仰的时间不过是30多年。在这样的好时期，我们将在宗教的舞台上努力工作。"[1]

在谈到当今进入旧礼仪派教堂的人数问题时，都主教认为，由于旧礼仪派信仰非常严格，进入旧礼仪派教堂的人数并没有出现减少的情况。他认为，那些对自己提出严格要求的人

---

[1] Русское старообрядчество сегодня (Телепрограмма, 21.05.05). 26.05.2005. http://www.sedmitza.ru/text/402297.html.

会经常走进教堂。

旧礼仪派一直是有着非常稳固传统的教会，那么如今，旧礼仪派世界会不会也受周围环境影响发生改变呢？都主教指出，在礼拜仪式方面他们没有发生任何改变，仍旧保持着古代罗斯礼拜仪式不改变和不受侵犯的原则。但是外部世界也会通过其教会成员对旧礼仪派教会产生影响，比如现在的信徒心态发生了改变。但是都主教认为，有着真正信仰的信徒会拒绝现代科技对他们产生过度的影响。

当今旧礼仪派家庭已经不能像以前那样完全严格遵守旧的家庭传统。尽管有一些家庭仍旧保留对古代信仰的热忱，但是这样的家庭已越来越少。以前每个旧礼仪派家庭都有好几个孩子，而现在这种多子家庭在减少，一般家庭只养育1~2个孩子。

社会大众也对保有俄罗斯传统文化的旧礼仪派满怀好奇。现在俄罗斯还有不少新的家庭和个人进入旧礼仪派教堂，他们不是来自旧礼仪派家族，没有旧礼仪派的根基，并且往往是举家前来。

都主教称，现在旧礼仪派的教区居民对待来教堂的人越来越宽容。所以当主持人问道："如果我走进旧礼仪派的教堂，我会不会被驱逐呢？"主教回答道："您会受到接待，并且会有人给您解释，在旧礼仪派教堂，您的言行举止应该怎样。"①

现在该派东正教会也有自己的官方网站，有定期出版的刊物，比如有供教会内部使用的《都主教区公报》（Вестник митрополии），还有更适合广大读者的《教会》杂志（Церквь）。这些刊物发行量不大，但是会定期出版，上面会刊登该教会的主要事件。

旧信仰者认为准则对于人是必要的，特别是在其宗教精

---

① Русское старообрядчество сегодня (Телепрограмма, 21.05.05). 26.05.2005.
http://www.sedmitza.ru/text/402297.html.

神发展的最初阶段。因此旧信仰者在宗教和日常生活方面都恪守严格的准则。他们认为旧礼仪派是俄罗斯宗教民族主义的体现。关于"莫斯科—第三罗马"以及俄罗斯优于其他民族的思想仍旧属于旧信仰的基础。

旧信仰者的生活通常都围绕着教会开展，封闭在社团和教堂中。这说明了旧信仰者的自给自足，但是这往往会被外人解读为孤僻和高傲。在莫斯科、圣彼得堡和喀山都有大的旧礼仪派社团和教堂。在苏联时期，越是在大的城市他们越容易隐没。宽容的首都对旧礼仪派信徒态度中立。在农村大家彼此了解，因此也能和平共处。但是在小城市可能会有冲突。旧礼仪派的世界不是外界想象的那样封闭。①

在俄罗斯旧礼仪派信徒中所占比重最大的是下诺夫哥罗德区。较大的社团存在于莫斯科、圣彼得堡、新西伯利亚、叶卡捷琳堡、喀山和下诺夫哥罗德。

大部分旧信仰者居住在城市中。在莫斯科有 8 座不同派别的旧礼仪派教堂，在圣彼得堡有 5 座。在圣彼得堡有 3 个教堂派社团——庇护社团（Покровская община）、利国夫社团（Лиговская община）和哥罗摩社团（Громовская община），以及一个反教堂派社团。并不是每一个社团都有自己的教堂。如今，旧礼仪派信徒的社会并不封闭，他们也通过网络等现代手段与外界交流，很多人在从事中等或者小型生意，他们行事低调，不想张扬自己，有自己的商业协会，彼此互助。他们经常从事木材工业、建筑和养蜂业，一些小的企业家也从事手工业和经营农场。他们的商业协会可提供针对旧礼仪派信徒的内部贷款。

---

① 参见 Мария Башмакова. Каково сегодня быть старообрядцем. 10.11.2014. http://ruvera.ru/articles/kakovo_byt_staroobryadcem。

第二节　旧礼仪派与国家社会关系的调整

俄罗斯东正教旧礼仪派教会（РПСЦ）是当今最大的旧礼仪派组织，与俄罗斯政府和社会的联系最为紧密，社会政治活动参与性最高。这一方面取决于该教派都主教科尔尼利个人对待国家和社会的积极态度，另一方面是由教堂派和反教堂派的教义和组织特点决定的。

在科尔尼利任都主教之前，旧礼仪派没有受到国家和社会的重视。为了改变旧礼仪派在国家的地位状况，他决定建立与国家的新型关系，以新的形式展现在社会上。在他的努力下，最近几年旧礼仪派逐渐建立了与俄罗斯政权的相互联系，并且他本人在社会和旧礼仪派信徒中间的威信也确立了下来。由于教堂派和反教堂派对待敌基督和神甫的态度不同，他们对待周围社会和政权的态度也存在差异。教堂派积极地参与俄国社会生活，① 而反教堂派由于其组织特点，不能够推出自己支派的统一的代表，因此不能作为旧礼仪派代表与政权对话。而当今教堂派第二大支派——俄罗斯古代东正教会的首脑也不在政权的视野之内，这是因为这一支派的信徒称自己的领袖为"莫斯科和全罗斯牧首"。显然，政权不能够看到两个莫斯科和全罗斯牧首存在。因此这一分支的首脑也被关在了政权的大门之外。② 综上两点，俄罗斯东正教旧礼仪派教会（РПСЦ）经常代表旧礼仪派与政权和社会对话。

今天，旧礼仪派获得了俄罗斯政府和社会的认同，他们被视为俄罗斯传统的民族文化保有者。国家宽容的宗教政策客观

---

① 刘博玲：《俄国旧礼仪派内部思想之争——敌基督论与神甫说》，《世界宗教文化》，2019 年第 5 期，第 89 页。

② Старообрядцы и власть: вчера и сегодня. https://izdrevle.livejournal.com/4664.html.

上为旧礼仪派的发展提供了良好的外部环境。旧礼仪派内部也发生着变化，他们不再远离社会、离群索居，信徒重回俄罗斯社会，发挥自己的道德和社会功能，为国家建设服务。

一　在国家层面：符合主流的价值观，得到国家的认同

（一）旧礼仪派思想与当局主流政治价值观契合

旧礼仪派延续了300多年的基础是俄国的农村、农民的村社世界和父权制的家庭（家庭是再现传统，包括再现宗教传统的重要条件）。[①]

历史上旧礼仪派大部分时间都处于被驱逐和被歧视的环境中，因此在敌对环境下生存下来的任务变得迫切而现实。"俄罗斯村社成了最大程度集中经济资源和精神资源的最佳工具。"[②]

在村社中，旧礼仪派信徒奉行着集体主义的原则，在广泛的内部民主基础上生产和生活。

由于历史环境的原因，旧礼仪派成员在村社中被分配了不同的责任。负责行政和生产活动的主要是村长和村社委员会，神甫不能干涉他们的职能。诵经士主要负责祈祷和礼拜等实践活动。神甫会找诵经士确定礼拜的具体事宜。合唱指挥负责礼拜中的音乐部分。神甫只保留完成神秘侍奉圣礼、忏悔礼等职能。旧礼仪派神职人员的组成也很有特点，他们是通过村社成

---

① Шиманская О.К. Современное старообрядчество в России: от изоляции к социальному служениею//Язык, книга и традиционная культура позднего русского средневековья в науке, музейной и библиотечной работе/Под ред. И.В. Поздеева, Ю.С. Белянкин, Н.В. Литвина, М., 2019. С.715.

② Пыжиков А.В. Грани русского раскола. М.: Древлехранилище. С.48. https://www.libfox.ru/613685–aleksandr-pyzhikov-grani-russkogo-raskola.html.

员选举产生的。神甫的候选人一般是村社中最受尊重的成员，掌握了主要的章程、歌曲和礼拜实践以后，他就被派往主教区进修和接受按立。

从旧礼仪派的村社中我们看到了民主制的缩影。旧礼仪派信徒和研究者确信，更加细致地研究旧礼仪派的信仰、文化、经济和日常生活方式能够促进公民社会体制的发展。这是俄罗斯在自己历史条件下发展的民主传统。

"主权民主"的思想是当代俄罗斯政治思想家苏尔科夫打造的。他认为，"主权民主的概念要求通过公民社会的发展，依托可靠的国家、有竞争力的经济以及影响世界大事的有效机制来表达俄罗斯人民的力量和尊严"。在苏尔科夫的逻辑体系里，集体利益优先是总前提，个体民主不能相悖于主权利益。[1] 旧礼仪派村社中践行的思想与"主权民主"思想都强调了集体利益优先的原则，两者具有共同之处。

旧礼仪派被当今俄罗斯社会当作"活着的保守主义"。旧礼仪派保留了传统的家庭价值观、传统的俄罗斯文化和俄罗斯民族认同。2018 年 10 月在莫斯科召开的"世界旧礼仪派论坛"上，影响力最大的旧礼仪派教会都主教科尔尼利强调："我们保留了传统，是活着的保守主义。"[2] 旧礼仪派信徒有着多子女的家庭习惯，禁止酗酒，提倡勤劳，并且始终热爱自己的祖国。这些传统对于当代俄罗斯而言是非常重要且必要的。

保守主义是普京执政的政治思想基础。2009 年 11 月 21 日，"统一俄罗斯"党的第十一次代表大会通过的新党纲规定"俄罗斯保守主义"是"统一俄罗斯"党的意识形态，并且提

---

① 郝赫:《从除魅到建构——苏尔科夫政治思想的历程与嬗变》,《俄罗斯学刊》,2020 年第 1 期。

② Чем для России важны старообрядцы. https://yandex.ru/turbo?text=https%3A%2F%2Fvz.ru%2Fsociety%2F2018%2F10%2F3%2F944306.html.

出了保守主义现代化的口号。2013 年 12 月 12 日普京在国情咨文中重申，俄罗斯选择保守主义方向，并将新时期的政策内涵解读为捍卫传统的家庭价值观，始终如一地坚持俄罗斯的立场。①

保守主义的提出具有深刻的背景，其内涵是对俄罗斯主流政治价值观——"主权民主"思想的延续与发展。②

2000 年开始，俄罗斯正式迈入普京时代。普京高举爱国主义旗帜，提出了"俄罗斯新思想"价值体系。普京以俄罗斯传统价值观为根本，在汲取西方价值观有益成分的基础上，重新塑造了具有俄罗斯特色的价值观，主要包括爱国主义、强国意识、国家观念及社会团结四方面内容。俄罗斯是一个有自己独特文化传统和文明传统的国家，普京强调要把现实与历史传统结合起来。③普京强调尊重俄罗斯的传统价值观，他说："我认为，俄罗斯新思想是一个合成体，它把全人类共同的价值观和经过时间考验的俄罗斯传统价值观，尤其是与经过 20 世纪波澜壮阔的 100 年考验的价值观有机结合在一起。"④在 2021 年 10 月的瓦尔代会议上，普京提出了"温和保守主义"路线，重申了"保守主义"思想路线。他表示俄罗斯坚决拒绝极左路线，未来俄罗斯路线就是尊重传统价值、乐观审慎温和的保守主义路线。

旧礼仪派强调的爱国主义、勤劳、多子女家庭的习俗和保守主义等传统价值观恰恰符合俄罗斯当前的主流价值观，

---

① 庞大鹏：《从"主权民主"到"普京主义"：普京的治国理念》，《世界知识》，2019 年第 6 期。

② 庞大鹏：《当代俄罗斯的保守主义》，《欧洲研究》，2009 年第 3 期。

③ 左凤荣：《重振俄罗斯——普京的对外战略与外交政策》，北京：商务印书馆，2008 年，第 8 页。

④ 同上。

有利于俄罗斯当局的政治稳定和社会团结，因此，总统普京
很关注旧礼仪派信徒，重视这个群体所保留的传统道德价
值观。

综上所述，旧礼仪派的思想与普京政府"保守主义"和
"主权民主"的政治思想有契合之处，符合当代国家和社会的
需求，这是其受到以普京总统为首的国家层面的认同与扶植的
原因之一。

（二）旧礼仪派受到普京的重视与支持

最近几年，以俄罗斯东正教旧礼仪派教会为代表的旧
礼仪派与国家保持着良好对话与合作。2013 年 2 月 22 日，
俄罗斯总统第一次将国家奖——友谊勋章——授予了旧礼仪
派教会的首脑科尔尼利。几天后，2 月 26 日总统在新奥加
廖沃会见了都主教。会见结束时，科尔尼利对总统发出邀
请，表示希望旧礼仪派在莫斯科的神学和行政中心罗戈任斯
基建筑群修复完成后，总统能前往参观。对于旧礼仪派而
言，具有转折性意义的是 2017 年 3 月 16 日科尔尼利与普
京的会面。这时罗戈任斯基建筑群的修复工作已经完成，都
主教再次邀请了普京。2017 年 3 月 31 日，普京应邀访问
了莫斯科东郊的罗戈任斯基历史建筑群，参观了教堂和所举
办的展览"精神的力量和忠于传统"，展览讲述了旧礼仪派
在保护文化遗产方面的贡献。自从 17 世纪旧礼仪派与官方
教派分裂以来，即近 350 年来，普京是第一位与旧礼仪派
领袖会面的政府首脑，也是第一位到访旧礼仪派主要的神学
和行政中心的政府首脑，意义非凡，被称为"历史性的会
面"。① 2019 年 11 月 23 日，总统普京与科尔尼利再次会

---

① Глава старообрядцев поблагодарил Путина за встречу. https://ria.ru/20170317/
1490225113.html.

面。都主教向总统讲述了旧礼仪派侨民从拉丁美洲迁回远东的进程（详见下文），感谢总统参与到这一问题中，并对总统为庆祝阿瓦库姆诞辰400周年准备工作提供的帮助表示了感谢。

从普京近几年与都主教对话的主题我们可以发现，总统不仅在言论上对旧礼仪派表示了认同与尊重，并且也采取了一系列具体措施支持旧礼仪派的发展。

（三）旧礼仪派得到联邦和地方政府机构的扶植

旧礼仪派日益得到国家的认同不仅表现在与总统的会面上，也表现在政府机关对待旧礼仪派态度的"回暖"上。近几年在俄罗斯许多地区，旧礼仪派社团在向政府申请划拨重建教堂所需土地时都获得了支持，各地政府也积极欢迎旧礼仪派社团的代表和主教加入地区宗教组织互助委员会。除了传统上对旧礼仪派信徒比较友好的地区——中央区、西伯利亚和远东，在俄罗斯南部，伏尔加格勒、罗斯托夫和阿斯特拉罕地区的地方政府也对旧礼仪派展示了友好态度。在这些地区，五年之前都主教科尔尼利想与当地副行政长官见面，讨论解决地方社团和教区的问题，都没能成功，但现在旧礼仪派得到了足够的重视。这些事件都体现了俄联邦政府对旧礼仪派信徒内部政策的改变。

国家对旧礼仪派的认同与帮助不仅体现在态度的"回暖"上，也体现在积极帮助国外旧礼仪派侨民回国与安置归侨方面。近几年，俄罗斯出现了旧礼仪派侨民归国潮。2019年11月，都主教科尔尼利与普京会面时说道："到今天已经有130个旧礼仪派家庭从拉丁美洲移居到远东，这两三年来新组建了15个家庭，有30个旧礼仪派新生儿出生。当然，我认为这个进程将会继续。现在有50个来自拉丁美洲的家庭已经作好准备（他们去年访问了俄罗斯），有50个家庭准备在明年，即

2020年迁回（俄罗斯）。"①

　　归国潮的扩大得益于联邦和地方层面对旧礼仪派的扶植与帮助，政府为帮助旧礼仪派侨民自愿归国设立了国家项目与一系列具有实际意义的扶植措施。

　　2006年俄罗斯推行了"帮助国外同胞自愿回到俄罗斯"的国家项目。2007年这个项目在滨海边疆区开始生效。滨海边疆区推行这个项目的主要目的是稳定边疆区的人口形势。2017年是归侨安置进程的转折点。当年3月，俄罗斯总统普京和都主教科尔尼利的会面为远东归侨真正适应与改善在远东的生活和生产发挥了积极影响。他们也讨论了帮助那些想从南美回到俄罗斯的旧礼仪派信徒、改善南美归侨生活状况的各种方案。这个事件成为归侨漫长且艰难道路上的特殊转折路标。

　　此外，远东的地方政府和社会组织也积极采取实际措施解决归侨面临的具体问题。

二　在社会层面：回归社会，发挥旧礼仪派的道德和社会功能，为国家建设服务

　　当代旧礼仪派信徒逐渐从社会边缘回归社会中心，服务社会成了旧礼仪派工作的主题。他们逐渐变得开放，主要通过教育活动、青年工作、宣扬健康的生活方式、保护和修复旧礼仪派历史纪念地等形式，发挥其精神道德教育作用，走进和服务俄罗斯社会。

（一）教育活动

　　当前旧礼仪派社团的首要任务是发展道德教育。教会主要通过主日学校、历史知识和精神道德问答竞赛、儿童旧礼仪派夏令营等方式开展教育活动。苏联时期旧信仰者没有了自己的

---

① Президент и старообрядцы. http://politcom.ru/23628.html.

精神学校，这一传统被中断了。"我们的教会需要受过教育的神职人员和主日学校教师。精神教育是当前教会的主要任务之一。这种重要性与日俱增，因为最近在普通学校内根据总统的倡导开设了《精神道德教育》①课程。"②发展精神教育对于所有支派来说都是一个现实的问题，因为这既是堂区精神教育的基础，也是主日学校和在儿童和少年中开展旅游朝圣活动的基础。

　　旧礼仪派很关注青年的精神道德教育。由于大众文化的影响，很多青少年缺乏自由选择善恶的道德指引，引起了社会关注。2009 年都主教科尔尼利向文化部建议成立社会观察委员会，对宣传陋习的行为予以社会谴责，培养青少年精神上自我拯救和忏悔的情感。旧礼仪派领袖认为，为了应对现代挑战，必须依靠社会支持，回归使罗斯人们战胜所有困难的精神生活的根源和形式。"国家和其他传统教会关于维护道德、民族健康的所有倡导，我们都支持，并会加入其中。如果这不违背我们的信仰章程和准则。"③ 2010 年，俄罗斯东正教旧礼仪派教会代表团参加了世界俄罗斯民族大会④，大会主题是民族教育、个性和公民社会的形成。旧礼仪派发表了自己的声音，提出了战胜精神和经济危机的道路。"类似形式的发言表明旧礼仪派

---

① 俄文为 Духовно нравственное воспитание.

② Доклад митрополита Московского и всея Руси Корнилия Освященному Собору Русской Православной Старообрядческой Церкви 2012 года. 17.10.2012. https://samstar.ucoz.ru/news/doklad_mitropolita_moskovskogo_i_vseja_rusi_kornilija_osvjashhennomu_soboru_russkoj_pravoslavnoj_staroobrjadcheskoj_cerkvi_2012_goda/2012-10-17-5616.

③ Доклад митрополита Корнилия Освященному Собору Русской Православной Старообрядческой Церкви 2010 г. Часть 1. 22.10.2010. https://samstar.ucoz.ru/news/doklad_mitropolita_kornilija_osvjashhennomu_soboru_russkoj_pravoslavnoj_staroobrjadcheskoj_cerkvi_2010_g/2010-10-22-4140.

④ Всемирный Русский Народный Собор.

保留了祖先的信仰，依旧有生命力，并且准备好通过自己的力量参加到俄罗斯精神复兴中。"[1]

下诺夫哥罗德市的圣母安息大教堂学校可以作为主日学校的例子。这里大概有学生 100 人。学校的目标是"教育人们抵制堕落世界的罪恶（比如毒品、酗酒、偷盗、背叛、杀害），通过认识上帝唤醒从善的意识"[2]。主日学校主要教授神学、教会艺术阅读、教会符号谱赞歌和旧礼仪派教会史课程。此外，孩子们还会学习《圣经》、教会章程、圣像艺术、绘画和美学。旧礼仪派信徒大都善于木刻，因此那里还会开设木雕课程。上课的老师都是信徒中的专业人士。夏天和冬天，学校会组织学生参观历史圣地。

俄罗斯古代东正教会还会积极组织儿童精神健康夏令营，并建立了几个修养基地。热心的神职人员带领妈妈们和孩子们一起学习。孩子们的父母帮助建设夏令营的基础设施，神职人员教孩子手艺活和实用艺术。比如，马利诺夫修道院的旧礼仪派儿童修道院每年都有几十个孩子来参加夏令营。2011 年 6 月 14 日到 28 日，修道院接受了 30 名 11~20 岁的青少年，他们来自俄罗斯中央区的不同州。儿童夏令营是个友好的大家庭，由孩子、神甫、修士、修女和父母组成。夏令营的目的是休闲及培养孩子们认识旧礼仪派文化，进行宗教教育。在下诺夫哥罗德期间，孩子们参观了古代东正教教会的礼拜，还去了斯维特拉雅尔湖、下诺夫哥罗德的克里姆林宫。夏令营的项目还教授

---

[1]　Доклад митрополита Корнилия Освященному Собору Русской Православной Старообрядческой Церкви 2010 г. Часть 1. 22.10.2010. https://samstar. ucoz.ru/news/doklad_mitropolita_kornilija_osvjashhennomu_soboru_russkoj_ pravoslavnoj_staroobrjadcheskoj_cerkvi_2010_g/2010-10-22-4140.

[2]　Лебедев А.С. Воскресная школа Русской православной старообрядечкой церкви Нижнего Новгорода//Религия России: проблемы социального служения. Сборник материалов конференции./Под ред Д. В. Мухатдинова. М.-Нижний Новгород, 2011. С.151.

宗教基础知识、《圣经》、古斯拉夫语课文，等等。"学习旧礼仪派传统和文化奠定了孩子们在生活中的道德和精神基础，他们收获了志同道合的朋友，来过一次就想再来一次"。①

（二）青年工作

俄罗斯东正教旧礼仪派教会莫斯科都主教区设有青年工作部，由主教亚历山大马斯洛夫领导。青年工作部成功举办了许多活动：组织朝圣旅行和远足、青年联谊和会议。都主教强调这样的活动在主教区和堂区是必要的，因为"应该让我们的教会青年看到和找到自己在教会的位置"。②青年工作的方向各种各样：有教会节日时的社会堂区工作，也有对濒临消失的民族传统的复兴活动（涉及圣咏、教会斯拉夫语言、民族手艺和传统生活方式）。此外还有针对来东正教圣地朝圣旅游的信徒的教育项目。俄罗斯东正教旧礼仪派教会欢迎大学生和中学生到罗戈任斯基墓地参观，在那里他们不仅将认识建筑和纪念物，也会了解旧信仰的传统。除此之外，"我们向莫斯科政府建议扩大和改善教会的青年工作。应该建立手工业中心，民间创作中心——歌唱团排练基地，朝圣中心——宾馆；为伤者和病人建立医疗中心；为孤儿和无家可归者建立暂时居住的地方；研究划拨节目时长（给旧礼仪派）转播宗教主题的电影和电视的可能性"③。类似的建议不仅可以活跃青年

---

① Шиманская О.К. Современное старообрядство в России: от изоляяции к социальному служению. С.727.

② Доклад митрополита Корнилия Освященному Собору Русской Православной Старообрядческой Церкви. 16.10.2018. https://samstar.ucoz.ru/news/2008-10-16-1174.

③ Доклад митрополита Корнилия Освященному Собору Русской Православной Старообрядческой Церкви 2010 г. Часть 1. 22.1.2010. https://samstar.ucoz.ru/news/doklad_mitropolita_kornilija_osvjashhennomu_soboru_russkoj_pravoslavnoj_staroobrjadcheskoj_cerkvi_2010_g/2010-10-22-4140.

工作，避免教会处于孤立的状态，还可以当作向青年群体的传教。

宾馆，原为商人雅科夫·伊万诺维奇·别罗夫（Yakov Ivanovich Belov，1824~1889 年后）所建的救济院，目前被用作老信徒旅馆。2002 年之前，这座建筑一直是"儿童之家"的所在地，因此老信徒们仍然称这座旅馆为"儿童之家"。图片来源：https://architectstyle.livejournal.com/927271.html。

（三）宣扬健康的生活方式

旧礼仪派发展社会服务的基础是历史经验、个人的榜样、旧礼仪派的生活方式，以及个别神职人员和平信徒的苦修。俄罗斯政府戒酒和戒烟部门也向旧礼仪派请教他们的历史经验，因为在几个世纪中，旧礼仪派信徒都是戒酒的榜样。"在戒酒和与其他有害习惯作斗争的过程中，重要的不是采用禁止和强迫的手段，而是应以对人进行精神教育为基础，因为人，如果精神上选择了禁酒的生活方式来拯救自己的心灵，会比强迫的方式更加可靠、有价值。了解到酗酒和所有其他陋习的复杂性和危险性以后，我们今天像 100 年前那样重新共同讨论这个问题，是为了明白我们不幸的原因，号召所有的旧礼仪派信徒在这个困难而重要的拯救事件中通过节制和祈祷发挥自己的榜样作用。"①

（四）保护和修复旧礼仪派历史纪念地

最近几年，旧礼仪派致力于恢复著名的历史建筑群和历史纪念地，包括修道院等旧礼仪派修士苦修的地方、旧礼仪派思想家殉道的地方、圣者的墓地，以及竖立十字架的地方。

规模最大的项目是莫斯科政府资助的复兴罗戈任斯基历史建筑群。这项修复工作大概在 10 年前就开始了，当时的莫斯科市长是卢日科夫。政府成员经常到访该处，讨论建筑纪念物修复过程中出现的问题。都主教科尔尼利在 2012 年大公会议上公布了修复圣母安息教堂钟楼的工作清单，以及一系列加固庇护教堂壁画的工作细节。

全俄罗斯修复旧礼仪派中心的项目中还有古代东正教北方沿海教会的项目。2011 年，修复旧礼仪派思想家大司祭阿瓦库姆被监禁和殉道的朝圣中心的工作正式开始。

旧礼仪派教会、学校和家庭为青少年提供了允许他们与恶

---

① Доклад митрополита Корнилия Освященному Собору Русской Православной Старообрядческой Церкви. https://samstar.ucoz.ru/news/doklad_mitropolita_moskovskogo_i_vseja_rusi_kornilija_osvjashhennomu_soboru_russkoj_pravoslavnoj_staroobrjadcheskoj_cerkvi/2009-10-20-2755.

抗争的道德和忏悔指引，在社会中积极发挥着精神道德教育的作用。

在 2018 年"世界旧礼仪派论坛"上，与会人士表示应该进一步"激活旧礼仪派组织的社会运动"。[①]可以预见，旧礼仪派参与社会的广度与深度都会不断增加。

三 与俄罗斯东正教会：求同存异，开展对话

当前旧礼仪派和俄罗斯东正教会尽管在教义和礼仪上仍旧存在争议，但是已经能够和平共处，在求同存异的基础上展开对话。

2004 年俄罗斯东正教主教大公会议决定成立旧礼仪派互助委员会，附属于教会对外宗教事务联络部。设立该委员会的目的是执行与旧礼仪派互助领域相关的主教大公会议及圣主教公会的决议，协调旧礼仪派堂区的事务。

莫斯科牧首区旧礼仪派互助委员会秘书表示："当前俄罗斯东正教会与旧礼仪派信徒之间的进程，可以称为对话的第一阶段。"[②]

2020 年是阿瓦库姆诞辰 400 周年，1 月接受记者采访时，俄罗斯东正教旧礼仪派都主教科尔尼利表示："当前我们与俄罗斯东正教会有很多共同之处。我们都在福音传统上进行精神

---

① Безгодов А.А. Современные проблемы взаимоотношения Древлеправославной Поморской Церкви, государства и общество//Всемирный старообрядческий форум (материалы международной конференций Москва, 1–2октября 2018г.)/ Под ред Пашинин М.Б., Шахов М.О. М, 2018, С104.

② Секретарь Комиссии Московского Патриархата по взаимодействию со старообрядчеством диакон Иоанн Миролюбов: «То, что между Русской Православной Церковью и старообрядцами происходит сейчас, можно назвать уже первой фазой диалога». http://www.patriarchia.ru/db/text/198199.html.

和道德教育。比如，加强家庭价值观。"① 在谈到具体怎样开展阿瓦库姆诞辰纪念活动时，都主教明确表示："在庆祝过程中我们不会重点强调驱逐和压迫，因为这会将我们和莫斯科牧首区分隔而不是团结。我们的关注重点是纪念作为俄罗斯文化活动家和作家的阿瓦库姆。"② 从旧礼仪派领袖的发言中，我们可以看到，当前旧礼仪派致力于与俄罗斯东正教会保持良好的关系，在不涉及教义和礼仪争议的领域，宣扬他们的共同之处，在此基础上进行对话与互动。

2019 年 11 月莫斯科牧首区对外宗教事务联络部主任伊拉里昂在接受俄罗斯电视台《教会和世界》③ 栏目访问时，被记者问到其本人对旧礼仪派归侨现象的看法，以及俄罗斯东正教会如何看待旧礼仪派信徒与总统普京的接近。伊拉里昂表示："我们对我们的同胞或者他们的后代回到自己祖国的提议持积极看法。我们也积极评价都主教科尔尼利领导下的旧礼仪派教会的努力，他战胜了存在 300 多年的分裂。"④

当前俄罗斯东正教会和旧礼仪派之间进行着广泛的对话，双方开展讨论、访谈、会面，以及旧礼仪派信徒参加一年一度的圣诞节读书会。读书会专门设立了一个单元——"俄罗斯东正教生活中的旧礼仪派：过去和现在"，这给双方提供了了解彼

---

① Митрополит Корнилий: Путин благоволит старообрядцам. https://eadaily.com/ru/news/2020/01/16/mitropolit-korniliy-putin-blagovolit-staroobryadcam?utm_referrer=https%3A%2F%2Fzen.yandex.com%2F%3Ffrom%3Dspecial&utm_source=YandexZenSpecial.

② 同上。

③ 俄文为 «Церковь и мир»。

④ Митрополит Волоколамский Иларион: В Русской Церкви поддерживают инициативу Иерусалимского Патриарха по организации в Иордании собрания Предстоятелей Поместных Церквей. http://www.patriarchia.ru/db/text/5543086.html.

此的机会，以克服疏离，抛却过去形成的负面的思维定式。这些活动是彼此适应、了解对方的教会文化、就现代生活问题找到共同观点的必不可少的步骤。

2019 年 11 月，旧礼仪派都主教科尔尼利与俄罗斯东正教图拉都主教进行了会面。俄罗斯东正教会图拉主教区的官方网站以《为加强东正教统一所做的共同工作》①为新闻标题，报道了图拉都主教和旧礼仪派都主教科尔尼利的工作会面。都主教科尔尼利分享了前不久参加在莫斯科救世主大教堂举办的莫斯科和全俄牧首基里尔剃度和受圣职 50 周年纪念日活动②的感受。然后双方讨论了旧礼仪派教会的状况和在当今世界的地位，指出为了维护信仰，以及为加强东正教统一而共同努力的重要性。会谈结束以后，科尔尼利对都主教阿列克谢提供私人会面的机会，以及讨论与俄罗斯东正教会，特别是与图拉主教区互动的可能性表示了感谢。

尽管当前双方还没有神学对话以及官方对话，但是我们可以看到双方已经处于对话的初始阶段，他们在共同关注的问题以及彼此认同的领域展开了广泛的交流。

第三节　当代旧礼仪派侨民新趋势：旧礼仪派侨民归国现象显现

在俄罗斯境外也有一些大的旧礼仪派社团。旧礼仪派侨民主要居住在欧洲和美洲。比较大的反教堂派社团位于拉脱维亚、立陶宛、白俄罗斯等地；乌克兰、摩尔多瓦、澳大利亚和

---

① 俄文为《Соборные труды ради укрепления православного единства》，参见 http://tulaeparhia.ru/sobornye-trudy-radi-ukrepleniya-pravoslavnogo-edinstva/。

② 1969 年 4 月 3 日，基里尔剃度成修士，4 月 7 日被按立为修士辅祭，同年 6 月 1 日被按立为修士司祭。2019 年 11 月 21 日，在莫斯科救世主大教堂举办了基里尔剃度和被按立神职 50 周年的庆祝活动。

美国则有许多教堂派旧信仰者；而罗马尼亚两个派别的成员都有不少。除此之外，在爱沙尼亚、波兰、保加利亚、意大利、乌拉圭、阿根廷、巴西、玻利维亚和智利也居住着旧信仰者。

如今在立陶宛和拉脱维亚，旧礼仪派属于传统的信仰，信徒们享受国家支持，有专门用于教会建筑维修、文化启蒙和旧礼仪派社会组织的国家拨款。他们甚至会得到欧盟的资助。在波兰，旧礼仪派信徒只有1000多人，他们的孩子有机会在国家拨款的学校中按照自己的教学计划学习。当讨论宗教法律和传统文化时，旧信仰代表有机会参加国家相关会议。在立陶宛有规定国家和旧信仰者双方关系的国家协定。

但是并不是所有的旧礼仪派侨民都能享受所在国家的优待。最近几年，俄罗斯出现了旧礼仪派侨民归国潮，这个进程是由拉丁美洲的旧礼仪派侨民开始的。

南美的旧礼仪派信徒主要是20世纪20年代至30年代从滨海边疆区移民到中国东北地区的侨民后代，这些信徒在中国东北生活了30多年后，1955~1956年和新疆的旧礼仪派信徒一起在红十字会的帮助下经由香港又移居到澳大利亚和南美。

一部分南美的旧礼仪派信徒在巴西住居了几年，然后移居到了邻国——阿根廷、玻利维亚、巴拉圭、乌拉圭和智利。以玻利维亚为例，当时旧礼仪派信徒移民该国的原因主要如下：（1）当地政府的热情接待；（2）有适合旧礼仪派信徒生活的经济环境；（3）当地政府划拨给他们一定的土地；（4）优惠的贷款政策。在这些国家，旧礼仪派信徒主要从事畜牧业和农业生产（种植大米、玉米、小麦、芭蕉、香蕉、向日葵、大豆）。在日常生活中，旧礼仪派信徒很好地保留了传统的俄罗斯文化、语言和自己的宗教观。但是随着玻利维亚新总统的上任，旧礼仪派信徒的生活和生产出现了严重的问题，尤其是土地利用方面的问题。玻利维亚新总统埃沃·莫拉莱斯（Evo

Morales）想驱赶所有的"其他民族"，其中包括玻利维亚白人，俄罗斯旧礼仪派信徒就在此列。这激发了旧礼仪派信徒重回俄罗斯的进程。可以说，旧礼仪派侨民重回祖国的进程是从玻利维亚开始的，之后其他拉丁美洲国家的信徒开始效仿他们。除了外部条件的变化，他们内心也想回到自己祖先的国度，他们从父辈和祖父辈口中了解了这个国度，并且祖辈们也经常说，回归俄罗斯的时候到了。尽管他们之中一些人出生在中国或者南美，但是他们认为自己的祖国是俄罗斯。

俄罗斯政府推行的一系列措施和项目帮助这些侨民顺利回到俄罗斯。2006 年，俄罗斯推行了"帮助国外同胞自愿回到俄罗斯"的国家项目，于 2007 年在滨海边疆区生效。在这个项目的支持下，几个来自玻利维亚和乌拉圭的旧礼仪派侨民家庭回到了远东地区。来自南美的侨民家庭较为顺利地适应了当地生活，他们学会了在原始森林中打猎，在河流中捕鱼，也适应了当地的耕种条件。但是在经济和社会方面遇到了一些困难。2017 年，南美归侨的生活中出现了一些积极的变化。一些关键人物的倡议在这里发挥了重要作用。转折点即上文提及的 2017 年 3 月 16 日，俄罗斯总统普京和俄罗斯旧礼仪派东正教会首脑、莫斯科和全罗斯都主教科尔尼利会面时讨论了帮助那些想从南美回到俄罗斯的旧礼仪派信徒的各种方案。总统亦表示将关注这个问题。2017 年 4 月和 12 月，俄罗斯联邦远东发展部部长 A·嘉璐什佳（А.С.Галушка）举办了视频会议——"旧信仰者回归远东"，会议连线了符拉迪沃斯托克、布拉戈维申斯克、滨海边疆区和莫斯科的政府人员和专家学者等。会上听取了学者、边疆区相关部门负责人、阿穆尔州行政处工作人员和旧礼仪派家族领袖的发言，他们讲述了根据国家计划迁回滨海边疆区和阿穆尔州的旧礼仪派信徒现在的生活状况。会议涉及了本质上很尖锐的移民问题，以及解决这些问题的必要性。

会议最后着手制定了一系列能够基本改变南美旧礼仪派归国侨民状况的具体措施。俄罗斯联邦远东发展部下属的一个部门——非商业自治组织"远东人类资本发展组织"已经开始关注这些问题。2017 年他们在滨海边疆区和阿穆尔州对回到俄罗斯的国外旧礼仪派信徒进行了人口社会学调查，制定了联邦和地区层面的路线图，并且对居住在奥地利和南美国家以及白俄罗斯、格鲁吉亚、吉尔吉斯斯坦、摩尔多瓦的旧礼仪派信徒进行了电话问卷调查，以确定他们移居到俄罗斯的计划。经过滨海边疆区政府和其他组织的努力，一些旧礼仪派家庭得到了很大面积的份地（平均 300 多公顷）和农业机械。此外，政府还帮他们建好了牛棚，解决了一系列社会问题。2017 年秋，俄罗斯国家石油公司给德尔苏村（Дерсу）①的旧礼仪派信徒划拨了总额 4500 万卢布的资金。旧礼仪派信徒用这些钱买了种子、必要的农业机械，建了机库。这样，2017 年至 2018 年人们在德尔苏村播种了几百公顷的大豆。远东滨海边疆区其他地方的旧礼仪派归侨也取得了不俗成绩。2018 年，留比多福卡村（Любитовка）的旧礼仪派归侨种植了 750 公顷的大豆，俄罗斯旗帜村的归侨种植了 400 公顷大豆。②

2017 年，俄罗斯总统普京建议扩展"远东一公顷土地"③

---

① 滨海边疆区的一个农村，首批安置南美归侨的居民点之一。

② Всемирный старообрядческий форум (материалы международной конференций Москва, 1-2октября 2018г.), M, 2018, C145.

③ 俄罗斯远东联邦区《远东一公顷》法案自 2016 年 6 月 1 日生效。该法案规定，2016 年 6 月 1 日起远东联邦区居民有权申请"远东一公顷"，自 2017 年 2 月 1 日起每个俄罗斯公民都有权申请。申请者在第一年内必须决定使用该块土地的性质，3 年后宣布开发。无偿使用 5 年后，该块土地可以转为私有财产或长期租赁。"远东一公顷"项目有效期至 2035 年，旨在阻止远东人口外流，并从俄罗斯其他地区吸引新居民。

计划，希望研究向回到远东的归国同胞提供土地、向成功开发利用所得土地的俄罗斯公民提供更多土地的可行性。① 从这里我们得知，该项目也适用于准备到无偿划拨的土地上工作的国外同胞。这里首先指的就是来自拉丁美洲的旧礼仪派信徒。

这一系列举措极大改善了归侨的生活状态，缓解了打算回到俄罗斯的旧礼仪派侨民心中的担忧。2016~2017 年，南美旧礼仪派归侨的亲戚来远东做客，他们评价了这里的环境，并继续讨论迁回俄罗斯的可能性。2018 年 9 月中旬，来自巴西、玻利维亚、乌拉圭的 21 位旧礼仪派信徒来到滨海边疆区考察，他们的目的是了解国家为归侨们提供的土地的情况。② 这些南美的旧礼仪派信徒对所见所闻很满意。

当然，这些归侨回到俄罗斯后也面临着很多问题。旧礼仪派工作组协调员、俄罗斯联邦总统国民经济和行政学院教授米哈伊尔·沙霍夫（Михаил Шахов）指出，迁回远东的旧礼仪派信徒需要来自国家的一定帮助。在"世界旧礼仪派论坛"上沙霍夫说道："最主要的是他们对俄罗斯环境的适应。他们已经习惯了其他国家的法律和生活环境。我认为中央政府和地方行政机构需要提供帮助，他们应该逐步支持移居者。没有这样的帮助，移居者很难适应我们的现实生活。"③

---

① 普京总统建议扩展"远东一公顷"计划，2017 年 9 月 6 日，http://sputniknews.cn/economics/201709061023537055/。

② Всемирный старообрядческий форум (материалы международной конференций Москва, 1–2октября 2018г.), M, 2018, C147.

③ Чем для России важны старообрядцы. 04.10.2018. http://politcom.ru/23628.html.

结　语

　　旧礼仪派是 17 世纪俄国东正教会分裂的产物。通过研究俄国东正教会的分裂原因以及分裂过程，我们可以对旧礼仪派这一群体，以及对俄国东正教的特点有更加深刻而全面的认识。

　　俄国历史上最大一次教会分裂的导火索是教规礼仪的变化，激化了高级神职人员和低级神职人员形成已久的矛盾。教会内部对教规礼仪的不同态度也蔓延到俄国社会的广大平信徒中间，大部分平信徒支持旧礼仪，认为俄国的信仰是正统的，不应该改变。在教会内部的斗争过程中，政权也参与进来。俄国政权支持教权旨在统一经文和礼拜仪式的改革，这种态度是出于其政治层面的考量。为了维护国家的专制统治，实现"莫斯科—第三罗马"的帝国理想，沙皇政权积极支持尼康改革，认为教会的统一有利于其政权的统一。最终，在政权积极干预下，尼康改革得到巩固，旧信仰支持者回归旧礼仪的希望完全落空，教会分裂成为定局。

　　17 世纪俄国的教会分裂运动发生在罗曼诺夫王朝建立之初、俄国民族独立意识逐渐觉醒的时期。在这个时期，"第三罗马"的思想不仅在精神层面影响着俄国教会，并且也在政治层面影响俄国政权。尼康和沙皇都将消除俄国礼拜经书和希腊经书不一致的地方当作实现他们各自东正教帝国和俄罗斯帝国梦想的必要一步。

　　但是对于当时教会活动家提出的非常重要的问题——哪个教会保留了更加古老的传统，俄国主教和沙皇都作出了错误的决断。尼康的错误在于认为希腊礼拜仪式是唯一正确的、最古老的、起源于使徒时代的礼仪，而俄国仪式是被曲解的，充满了错误，应该得到改正。事实上，罗斯的仪式和教会文本基本上保存了拜占庭最初接受基督教的形式。而改革者所认为的"更加古老""更加正确"的希腊的仪式文本和形式，在很大程度上是在更晚的时候形成的。

统一礼拜仪式的重要性不仅和政治目标及统一国家的计划有关，并且也和宗教心理有关。在基督教学说中，仪式、奥秘、神圣行为的外在形式，不可见的圣恩典符号，都被理解为与圣恩典之存在不可分割的事物。因此，歪曲当时的宗教仪式，在当时的神学家看来就是歪曲宗教本身。

改革者从错误的立场出发，认为新希腊样式古老和无罪。他们将其置于基督教早期确立的"使徒传说"的级别，加速了冲突的发展。为了诋毁和剥夺古代俄国教规的权威性，改革者指责它们是前不久才从异教徒"亚美尼亚异端"处传到罗斯的。

当时，对待东正教东方的希腊，俄国人的态度也改变了。罗斯受洗之初，君士坦丁堡牧首区对于俄罗斯教会而言是权威的导师。但是在15世纪发生的一系列事件让俄国人怀疑起东正教东方的虔诚。1439年在佛罗伦萨会议上，希腊教会与拉丁教会的联合给罗斯留下了深刻的印象。

佛罗伦萨会议14年后（1453年），君士坦丁堡被土耳其占领了。在俄国人看来，君士坦丁堡陷落的原因是缺乏真正的信仰，因为其选择了和天主教联合。

16世纪末至17世纪初处于波兰—立陶宛控制下的西南罗斯发生的宗教斗争具有重要意义。部分高级神职人员在政权的压力下在1596年与罗马圣座达成了"布列斯特合并"。在这种情况下，相当一部分东正教徒不再从属于这些主教，不追随他们加入合并教会。在宗教冲突蔓延的过程中，东正教的捍卫者积极坚持且论证那种思想，即信徒不应该盲目且无条件地听命于神职人员的任何指令，在必要的情况下，可以独立坚持自己的宗教信仰，不听从远离东正教信仰的主教。这种思想在莫斯科公国很有名，那里的人们重新印刷和学习了包含反对教会合并思想的俄罗斯南部的文献。

认为末日临近、希腊人远离东正教信仰、俄罗斯是最后一个东正教帝国等多种思想加强了坚持旧信仰者对尼康改革的消极评价。

当时土耳其人统治之下的希腊教会物质财富非常匮乏，因此希腊主教经常来觐见莫斯科君主，请求他给予自己教会物质帮助。来到莫斯科的希腊主教明白摆脱外来统治者、解放自己国家的唯一办法是东正教罗斯的干涉，因此他们努力促进莫斯科君主承担解放东正教东方国家的使命。当时的希腊主教经常传播夺回拜占庭和穆斯林侵略者手中的正教东方之圣地、建立统一的拜占庭—俄国东正教强国的思想，这在尼康心中构建起了东正教帝国的地缘政治图景。

尼康的行为引起许多神职人员的强烈谴责，其中包括涅罗诺夫和阿瓦库姆。1654 年尼康使得教会大公会议同意"按照古老的斯拉夫和希腊样式"修改礼拜书籍。同时尼康剥夺了反对修改公认习俗的保罗主教的头衔，并流放了他。

但是印书院搜集到了许多古罗斯和希腊书籍，如果依照这些材料进行编辑出版，他们就需要很多年语言学和人类学的研究，因而这些书籍实际上没有被利用。

尼康改革涉及教会生活的各个方面，也包括每个俄罗斯东正教信徒日常生活的种种细节。除了两指画十字被三指画十字替代，在教会礼拜时两次说"哈利路亚"被三次替代，在教堂行走时"沿着太阳"方向行走被改为"逆着太阳"方向行走，耶稣名字的书写方式由 Исус 变为 Иисус，还有四角十字代替了罗斯传统上的八角十字。除此之外，许多常用的祈祷文、礼拜书都被改变了，信经文本也被重新编辑。

　　通过探究俄国教会的分裂过程，我们可以看到俄国政权对教会事务的决定性影响，政权对教权的重大影响不仅仅存在于17世纪，而是存在于俄国整个历史进程中，这是由俄国政教关系的特点决定的。在俄国历史上，教权一直依附于政权。公元988年罗斯大公弗拉基米尔选择东正教作为国教就是出于政治上的考虑，教会成了统治者主宰人们精神世界的工具。同时，在沙皇政权的扶持下，东正教也确立了它在俄罗斯人精神生活中的统治地位。尼古拉一世时，国民教育大臣乌瓦罗夫提出著名的"三位一体"公式，即"东正教、专制制度、人民性合一"的精神。这一公式对教会的政治职能作出定位，承认东正教是专制制度的精神支柱，强调其使命是维护以沙皇为代表的俄国专制制度。不仅在历史上，在当今俄罗斯同样如此。普京执政后非常重视宗教的作用，他多次会见圣主教公会成员，在举行总统就职仪式以及其他重大国事活动时，均邀请东正教大牧首出席，希望借助东正教维护国内的政治稳定，淡化党派间的意识形态分歧。而东正教也积极回应政权的这种诉求，在俄罗斯政治生活中发挥重要的作用。在俄国这种特殊的政教关系中，政权对尼康改革和旧礼仪派的态度决定了教会和旧礼仪派信徒的命运。

　　1666年，旧信仰支持者期待的宗教会议终于召开了，沙皇为这次会议作了充分的准备，使得尼康改革后的礼仪在俄国确立下来。通过这次会议，尼康被剥夺了牧首的头衔，旧信仰支持者被逐出教会，成了分裂分子。自此，旧信仰支持者受到了极大的迫害，一些旧礼仪派领袖被流放到了荒无人烟的边缘地区。但是旧礼仪派信徒的斗争没有停止，他们在不同的地方继续为旧信仰而斗争，在俄国形成了旧礼仪派的思想斗争中心、武装斗争中心以及各地旧礼仪派信徒的联系枢纽。

　　在与政权和官方斗争中旧礼仪派展现了英勇无畏的精神，

为了捍卫信仰他们不惜被流放，不惜牺牲生命，这种精神力量与俄罗斯民族思想中的弥赛亚意识有着深切的关联。根植于俄罗斯民族思想中的弥赛亚意识是旧礼仪派与官方斗争的深层动力，它并不是莫斯科大公们创立的，在罗马和君士坦丁堡都有关于弥赛亚意识的历史。但是弥赛亚意识对俄罗斯民族产生了很深的影响。无论在基辅罗斯时期还是莫斯科公国时期，在罗斯一直存在着这种思想，即罗斯是上帝创立的，高于其他国家，因此上帝对罗斯的要求也比其他民族高。君士坦丁堡的衰落使得俄国人形成了这样的观念，即他们成了东正教唯一的捍卫者，俄罗斯民族的历史任务在于不变地、全部地保留正确的信仰，而其他民族已经完全或者部分地失去了正确的信仰。因此当尼康想按照希腊样式改变本国礼拜仪式和经书时，民族意识深层的弥赛亚意识开始发挥自己的作用。俄国人认为自己的信仰是正统的，其使命是将正确的信仰保留下来。

从官方教会分裂出去以后，旧礼仪派内部的教义和神学分歧日益突出，主要表现为对末世论、敌基督和神甫的看法不同。既然敌基督已经统治俄国，那么该不该承认尼康改革后神甫的作用和他们完成的礼仪呢？对该问题的不同回答导致他们主要分裂成了教堂派和反教堂派，前者承认东正教教堂礼仪，后者则认为，由于敌基督的破坏，东正教的宗教礼仪已经被歪曲了，因此否认东正教会的宗教仪式和教阶。

在俄罗斯历史上，走向东方还是走向西方、改革还是守旧是个永恒的问题，并且每一次这一问题的解决都具有典型的俄国特点——要么完全走向西方，要么坚决捍卫自己的传统。彼得大帝的改革、19 世纪斯拉夫派与西方派的论战，以及俄国十月革命等都是这一问题的集中爆发与解决。实际上，17 世纪俄国教会的分裂也是传统力量与改革力量的斗争，是俄罗斯民族性格中两种极端势力的斗争，是"走向何处"这个问题第一次在俄国集中爆发，而旧礼仪派正是俄罗斯民族性格中保守性的体现。这种保守性一方面使得他们在历史上很难与周围异信仰的社会融于一体，造成他们不断迁移的处境，另一方面也促使他们保留了很多古代俄罗斯的文化，比如他们的村社制度、圣像画、古代罗斯书籍等丰富的文化和物质遗产。从正统教会分裂出去以后，由于教义和神学分歧，旧礼仪派自身又分裂成了很多小的支派，在接下来的时间里各自独立发展，有自己的教会和各自的社团，因而至今旧礼仪派都不是一个统一的教会。这也从一个侧面说明了旧礼仪派这个群体的保守性和对信仰问题的不可妥协性。

从以上分析可以看出，东正教的教会生活不仅由教规和礼仪决定，它与国家政权、民族意识、民族性格等因素有密切联系，这也就不难理解为何尼康仅仅改变了一些礼拜仪式和经文竟会造成俄国东正教会如此严重的分裂，并且这种分裂一直持续到现在。

当然，对旧礼仪派的研究仅仅限于以上这些是远远不够的。旧礼仪派所展现的捍卫俄国古风、保持本民族传统、不畏强权、反对专制的精神，不仅对 18 世纪的农民起义产生了影响，也对 19 世纪俄国的知识分子、斯拉夫派以及民粹派产生了深远的影响。每当社会动乱之时，在反动分子中间总能找到旧礼仪派信徒的身影。俄国历史上的许多文化现象都可以在这里找到思想的根源。别尔嘉耶夫说："这种内在的分裂性一直延续到俄国革命，很多问题都可以在这里找到自己的解释。它是解开俄国思想史的一把钥匙。19 世纪的平民知识分子正是这种分裂性的延续。"[1]

---

[1] 〔俄〕尼·别尔嘉耶夫：《俄罗斯思想》，雷永生等译，北京：三联书店，1995 年，第 11 页。

虽然在各个时期饱受驱逐迫害，这个群体依然顽强地将自己的信仰保持到了今天，仍旧活跃在俄罗斯和世界的各个角落，并且他们的活动有了政治层面的意义。在当代俄罗斯这些旧礼仪派组织都有自己的管理机构、网站和学校，他们定期召开宗教会议探讨教会存在的各种现实问题。由于历史的原因，旧礼仪派遍布世界各地，如今在美国、西欧、澳大利亚等地仍居住着旧礼仪派信徒和他们的后代。通过研究，笔者了解到中国的新疆和黑龙江都有一批旧礼仪派信徒生活过。受苏联时期政治环境影响，一部分旧礼仪派信徒逃到了中国东北和新疆，在这里生活了几十年，在异文化环境下建立了自己的村庄，保留着自己的文化；现在仍有俄罗斯旧礼仪派信徒后代生活在新疆。相信对黑龙江和新疆的旧礼仪派村落的遗迹和当今仍旧生活在新疆的旧礼仪派信徒后代进行田野调查，对于俄罗斯学界、俄罗斯旧礼仪派信徒自身以及中国学界都有很强的历史意义和现实意义。

在为信仰而斗争的过程中，旧礼仪派展现了英勇无畏和百折不挠的精神，在俄罗斯民族宗教史上留下了惊人的一页。300多年来旧礼仪派在艰苦环境下，有时候甚至是在极端的历史条件下存活了下来，这种经验是今天的俄罗斯所需要的。他们保留了俄罗斯传统生活习俗、独一无二的礼拜文化、教会建筑、圣像画和合唱艺术文化。他们奉行集体主义原则、践行民主形式的村社生活精神，符合当代俄罗斯国家主流的政治价值观，得到了国家层面的认同。他们保留的传统道德、家庭价值观有助于俄罗斯宗教道德文化的复兴。如今他们获得了合法的地位，回归社会，积极参与社会服务。他们与俄罗斯东正教会在求同存异的基础上，保持着对话与互动。

正如旧礼仪派都主教所言，"如果俄罗斯民族不是个别杰出人物，而是数百万的人都能够在与别人对抗的时刻，展现出东正教基础上的真正的独一无二的价值，那么这能够给未来带来希望"。① 在苏联政权时期，旧礼仪派的日常生活方式普遍被破坏了。由于城镇化和现代化的发展，俄罗斯传统意义上的村社越来越少。学习国外旧礼仪派信徒的实践经验有助于俄罗斯传统旧礼仪派村社的复兴。历史上，旧礼仪派侨民被迫离开自己祖国，他们在心中保留了对祖国土地的热爱和对旧礼仪的忠诚。在异国环境下，虽然有人被逐渐同化了，但是大多人建立起了真正的俄罗斯文化绿洲，保留了旧礼仪派村社生活的优秀传统。在那里，所有的成员通过集体生产活动和统一的宗教道德价值相互联系。现在俄罗斯旧礼仪派侨民中回归祖国的趋势有所加强。俄罗斯政府全力帮助侨民回国，并且帮助他们在新的家园安顿，允许他们保留习惯的生活方式，帮助他们调整传统的生产方式和生活方式。归侨的村社能够成为俄罗斯各地重建旧礼仪派村社的范式。现在俄罗斯国家和地方层面都积极参与了侨民的归国进程，对他们返回祖国表现了真诚的关注。今天旧礼仪派有四个大的支派，不同的旧礼仪派派别中有教规分歧，他们之间在很多问题上都不能达成统一，但是仍然有很多相互沟通、相互关联的方面。在国家和社会对其展现出友好的外部环境下，他们找到了彼此之间以及与国家和社会对话的力量和可能性。如今，旧礼仪派各个派别的代表能够聚在一起，讨论存在的问题以及这些问题的解决方案。无论是旧礼仪派内部，还是旧礼仪派与国家和官方东正教会都达成了某种程度的和解。

　　在当代俄罗斯，除了从历史学和宗教学对旧礼仪派进行研究，俄罗斯学者还从历史人类学、经济学和政治学探究旧礼仪派的历史和文化内涵。旧礼仪派这个题目对于所有人文学科的学者都具有其研究价值，作为研究客体它还远没有被研究透彻，它通过各方面丰富的材料吸引着研究者。

---

① Старообрядчество в современной России. https://nsportal.ru/nachalnaya-shkola/orkse/2020/01/04/staroobryadchestvo-v-sovremennoy-rossii.

参考文献

〔俄〕C.H.布尔加科夫:《东正教——教会学说概要》，徐凤林译，北京：商务印书馆，2001年。

〔俄〕T.C.格奥尔吉耶娃:《俄罗斯文化史——历史与现代》，焦东健、董茉莉译，北京：商务印书馆，2006年。

白晓红:《俄国斯拉夫主义》，北京：商务印书馆，2006年。

曹维安、于芹芹:《旧礼仪派与俄国资本主义经济的发展》，《陕西师范大学学报（哲学社会科学版）》，2012年第41卷第4期。

陈延琪:《从移民成为新疆少数民族的俄罗斯人》，《新疆大学学报（哲学社会科学版）》，2000年3月。

戴桂菊:《俄国东正教会改革（1861~1917)》，北京：社会科学文献出版社，2002年。

戴桂菊:《俄罗斯的宗教与现代化》，《东欧中亚研究》，2002年第3期。

〔俄〕弗拉基米尔·索洛维约夫:《神权政治的历史和未来》，钱一鹏、高薇、尹永波译，北京：华夏出版社，2001年。

〔俄〕格奥尔基·弗洛罗夫斯基:《俄罗斯宗教哲学之路》，徐凤林、吴安迪、隋淑芬译，上海：上海人民出版社，2006年。

郭小丽:《俄罗斯的弥赛亚意识》，北京：人民出版社，2009年。

郭小丽:《俄罗斯弥赛亚意识的结构及其流变》，《俄罗斯研究》，2009年第2期。

何汉文:《俄国史》，北京：东方出版社，2013年。

〔俄〕赫尔岑:《往事与随想》，巴金、臧仲伦译，南京：

译林出版社，2009年。

金雁：《解开"俄罗斯之谜"的钥匙：俄罗斯思想史上的分裂运动》，《人文杂志》，2010年第1期。

敬菁华：《17世纪俄罗斯宗教分裂运动溯源》，《西伯利亚研究》，2007年第34卷第2期。

乐峰：《东方基督教探索》，北京：宗教文化出版社，2008年。

乐峰主编《俄国宗教史》，北京：社会科学文献出版社，2008年。

李英男、戴桂菊主编《俄罗斯历史》，北京：外语教学与研究出版社，2006年。

刘魁立：《当俄罗斯旧礼仪派"塞梅斯基人"走向世界的时候》，《民俗研究》，2008年第4期。

〔俄〕尼·别尔嘉耶夫：《俄罗斯思想》，雷永生等译，北京：三联书店，1995年。

〔美〕尼古拉·梁赞诺夫斯基、马克·斯坦伯格：《俄罗斯史》，杨烨、卿文辉、王毅主译，上海：上海人民出版社，2013年。

〔苏〕尼·米·尼科利斯基：《俄国教会史》，丁士超、苑一博、杜立克等译，北京：商务印书馆，2000年。

孙尚扬：《宗教社会学》，北京：北京大学出版社，2003年。

〔俄〕瓦·奥·克柳切夫斯基：《俄国史教程》，左少兴等译，北京：商务印书馆，1996年。

徐凤林：《俄罗斯宗教哲学》，北京：北京大学出版社，2006年。

徐龙飞：《循美之路——基督宗教本体形上美学研究》，香港：中华书局，2013年。

姚海:《俄罗斯文化》，上海：上海社会科学院出版社，2013 年。

张志刚:《宗教文化学导论》，北京：人民出版社，1993 年。

Аргудяева Ю.В. Русские старообрядцы в Маньчжурии, Владивосток: ДВО РАН. 2008.

Безгодов А.А. Старообрядчество в современной России. http://ruvera.ru/articles/staroobryadchestvo_rossii.

Безгодов А.А. Особенности организационной структуры старообрядцев-безпоповцев в России. http://www.sclj.ru/news/detail.php?SECTION_ID=447&ELEMENT_ID=6811&print=Y.

Бубнов Н.Ю. Старообрядческая книга в России во второй половине XVII века. СПб 1995.

Голубинский Е.Е. К нашей полемике с старообрядцами. М. 1905.

Зеньковский С.А. Русское Старообрядчество. Институт ДИ-ДИК. 2006.

Знаменский П.В. История Русской Церкви. (电子版)

История религии в России, учебник издание 2-е, под общей редакции О.Ю. Васильевой и Н.А. Трофимука, Москва, 2004.

Карташев А.В. Очерки по истории русской Церкви. М. 1992. Т. 2.

Каптерев Н.Ф. Патриарх Никон и царь Алексей Михайлович. Сергиев Посад 1912.

Каптерев Н.Ф. Патриарх Никон и его противники в деле исправления церковных обрядов. М. 1913.

Ключевский В.О. Курс русской истории. Часть 3 М. 1908.

Крамер А.В. Раскол русской церкви в середине XVII века. Изд. Алетейя. Санктпетербург. 2014.

Костоморова Н.И. История раскола у раскольников. Санктпетербург. 1905.

Макарий (Булгаков). История Русской Церкви. Книга 5.

Макарий (Булгаков). История русского раскола, известного под именем старообрядчества, С-Петербург, Третие издание, 1889.

Макарий (Булгаков). Патриарх Никон в деле исправления церковных книг и обрядов. Москва: тип. М.Н. Лаврова и К.

Милюков П.Н. Очерки по истории русской культуры. Москва. 1994.

Мельников Ф.Е. Краткая история древлеправославной церкви.

Пьер Паскаль. Протопоп Аввакум и начало раскола. Москва. 2011.

Седов П.В. Закат московского царства. СПб 2008.

Словарь книжников и книжности Древней Руси. Вып.3. СПб 1992-1998.

Субботин И.И. Житие Григория Неронова. Материалы для истории раскола за первое время его существования. Т. I.

Успенский Б.А. Этюды о русской истории. СПб 2002.

Церковная историография старообрядчества, http://www.dissercat.com/content/tserkovnaya-istoriografiyastaroobryadchestva.

Цукада Цутому, Старобрядцы-кержаки в посёлке Уластай (Синьцзян-Уйгурский Автономный Район КНР), межународные Заволожские четения Сборник 2.2007.

后　记

在本书即将付梓之际，我内心没有丝毫轻松之感，仍觉太多内容未囊括其中，意犹未尽。旧礼仪派这个群体有着久远而曲折的历史、丰富而有活力的当下，若想在一本书中详尽地呈现其历史全貌和现实，恐难以企及。如此想来，内心焦灼之感略微缓解。

回想起第一次触及旧礼仪派是在 10 年之前。2014 年在燕园吾师徐凤林教授办公室，与徐老师讨论博士论文开题。当时与老师谈到自己对尼康改革这一段历史很感兴趣，并且对书中写到的仅仅改变了画十字的方法竟引起教会如此大的混乱与分裂感到非常惊奇与不解。随后老师问我想研究什么，我脱口而出"旧礼仪派"，此后便与其结下不解之缘。

后来我开始阅读俄罗斯历史学家所著的旧礼仪派历史。时至今日，我仍旧清晰地记得，当时第一次独自面对如此大部头的俄文原著，并且是一个完全陌生的知识领域，心中惶恐不安。幸运的是，我得到了师友的巨大鼓励与帮助。当时莫斯科大学的莉莉娅博士（中文名字叫李亮）正好在北大交流学习，她对我阅读、理解大部头俄文原著提供了巨大的帮助。她汉语极好，人也很热情，并且是虔诚的东正教徒。莉莉娅和我们一起上导师的课，很快我们就成了好朋友，一起设计了学习阅读计划。我每读完一章就写一篇读书笔记，然后请莉莉娅指正。每周我们都会见面交流一次阅读体会。转眼多年过去，我们坐在静园草坪上讨论俄罗斯历史的场景仍清晰地印在脑海。就这样，在莉莉娅大力帮助之下，我顺利地读完了第一部关于旧礼仪派历史的大部头著作。

2015 年通过校际交流项目，我来到莫斯科大学交流学习。在莫大的学习生活经历不仅给我提供了向当代俄罗斯研究旧礼仪派的权威学者请教的机会，也给了我亲自走到旧礼仪派信徒中间、了解他们当下面貌的机会。当时，莫大的娜塔莉亚·利特维娜教授（Наталья Викторовна Литвина）在历史系开设了"当代俄罗斯旧礼仪派"课程，一个偶然的机会让我走进了娜塔莉亚老师的教室。娜塔莉亚看到一个中国学生在研究旧礼仪派，感到很惊奇，询问了我研究的原因，然后鼓励我继续研究下去，告诉我这是一个很有意思的题目。得益于娜塔莉亚老师的帮助，我旁听了一学期这门课程。娜塔莉亚老师又向我介绍了俄罗斯研究旧礼仪派的学者，其中就有俄罗斯国家历史博物馆的叶莲娜（Елена Михайловна Юхименко）研究员。叶莲娜老师带我参观了红场上的俄罗斯国家历史博物馆，并赠送给我她的专著。娜塔莉亚老师还介绍我认识莫斯科的旧礼仪派信徒，让我参加他们的节日聚会。当我第一次走进莫斯科东郊的旧礼仪派中心——罗戈任斯基墓地，参加他们的庆祝活动时，就好像是看见历史书中的人物和场景活了过来，心中既惊又喜。我第一次直观地认识到他们不仅仅是历史，更是一个个鲜活的现在。一个学期很快就过去了，临行前，娜塔莉亚老师约我到俄罗斯科学院的档案馆见面，这是她工作的另一个地方。她热情地向我介绍了档案馆的同事，中午还准备了一场冷餐会。娜塔莉亚老师介绍说，她的博士论文就是关于旧礼仪派的，整整写了八年。我心里一面是深深的佩服，一面是惶恐不安，不知道自己能否顺利写成博士论文。娜塔莉亚老师推荐给我一系列研究旧礼仪派的权威著作和前沿论文。这一切都让我深深感动。老师们纯粹无私的帮助让我坚定信念，要把这个题目好好做下去。回国以后，我开始撰写博士论文《俄国旧礼仪派研究》，导师徐凤林老师逐字逐句的审读、指正让我深刻地认识到学术的严谨性。

博士毕业后，我有幸应聘进入了中国社会科学院俄罗斯东欧中亚研究所。在这里我认识了严谨又可爱的同事们。政治与社会研究室的各位老师对我的研究题目都很感兴趣，得益于所里提供的科研环境与条件，我能够继续这个题目的研究。2019年，我再次来到莫大参加旧礼仪派的学术会议。故地重游，内心感慨万分。再次见到亲爱的娜塔莉亚老师和叶莲娜老师时，我向她们介绍了当前我国也有学者开始关注旧礼仪派这个群体了，这使她们深感欣慰。

十年倏忽而过，待书稿完成修订增补、成功申请出版资助，已然是2023年了。这十年也是我人生最重要的十年。犹记得我奋笔疾书，完成博士论文撰写和答辩的时候，我的女儿若溪刚出生半年。申请出版资助、继续完善书稿之时，则是我的儿子阳阳未满半岁……这本书的写作与出版，陪伴了我人生最特殊的十年。

在本书即将付梓之际，首先要感谢我的恩师徐凤林教授。没有徐老师的指导与鼓励，我根本没有信心开始这个题目的研究。徐老师是国内研究东正教的权威，虽为大家，但他对待学生平易近人，总是积极鼓励我们阅读原著，并且耐心平和地指出我们的问题与不足。徐老师严谨的治学态度和对学生的谆谆教导深深地鼓励着我。感谢我的硕士导师郭小丽教授，是她将我引向了学术道路。她是一位善良、优雅而又勤奋的学者，她对学生的无私奉献、对学术的热爱与执着深深感动着我。感谢莫斯科大学历史系的娜塔莉亚研究员，是她的热情与无私帮助让我能够更加全面而深刻地了解旧礼仪派。感谢社会科学院俄罗斯东欧中亚研究所领导的鼓励与帮助，感谢我可爱的同事们，他们的严谨活泼时刻启发、鼓励着我。感谢好友李亮的帮助，感谢北外戴桂菊教授的鼓励与指正！

其次我想感谢我的父母，他们的言传身教培养了我勤奋踏实与不畏艰难的品格。此外，我还想感谢我的婆婆与爱人，在特殊时期他们分担了很大一部分照顾孩子与家庭的重任，他们的付出与理解使我能够潜心学术。还要感谢社科文献出版社的陈嘉瑜编辑老师，她的认真与严谨使得本书更加完善。最后我想感谢自己，感谢自己的坚持与努力，感谢自己在各种挑战扑面而来时拥有的勇气与果敢。

如果你想完成一件事，上帝也会来帮助你。感恩因为研究旧礼仪派而遇到的师友们。书稿的完成不仅是我学术研究的一个成果，也培养了我不畏困难、坚持到底的品格，让我变得更加从容与自信。由于笔者水平有限，虽几经修校，书中仍不免有疏漏之处，请各位读者批评指正。

刘博玲

2023 年 9 月 20 日于海淀育新花园

图书在版编目（CIP）数据

俄罗斯旧礼仪派：历史与现实 / 刘博玲著. -- 北
京：社会科学文献出版社，2023.10
　ISBN 978-7-5228-2596-0

Ⅰ.①俄… Ⅱ.①刘… Ⅲ.①东正教–基督教史–俄
罗斯 Ⅳ.①B976.2

中国国家版本馆CIP数据核字（2023）第197391号

俄罗斯旧礼仪派：历史与现实

著　　者 / 刘博玲

出 版 人 / 冀祥德
组稿编辑 / 段其刚
责任编辑 / 陈嘉瑜
责任印制 / 王京美

出　　版 / 社会科学文献出版社·联合出版中心（010）59367151
　　　　　地址：北京市北三环中路甲29号院华龙大厦　邮编：100029
　　　　　网址：www.ssap.com.cn
发　　行 / 社会科学文献出版社（010）59367028
印　　装 / 三河市东方印刷有限公司

规　　格 / 开　本：889mm×1194mm　1/32
　　　　　印　张：7.125　字　数：178千字
版　　次 / 2023年10月第1版　2023年10月第1次印刷
书　　号 / ISBN 978-7-5228-2596-0
定　　价 / 69.00元

读者服务电话：4008918866